UEQIAN YU XIAOXUE
JIAOYU JIAOXUE SHIJIAN ANLI

X 学前与小学教育教学实践案例

韩苏曼　沈晓燕◎编著

U0823679

苏州大学出版社
Soochow University Press

图书在版编目(CIP)数据

学前与小学教育教学实践案例 / 韩苏曼，沈晓燕编著．—苏州：苏州大学出版社，2018.10

ISBN 978-7-5672-2575-6

Ⅰ．①学… Ⅱ．①韩… ②沈… Ⅲ．①学前教育—教学研究②小学教育—教学研究 Ⅳ．①G612②G622.0

中国版本图书馆 CIP 数据核字(2018)第 229497 号

书　　名： 学前与小学教育教学实践案例

编　　著： 韩苏曼　沈晓燕

责任编辑： 倪锈霞

装帧设计： 刘　俊

出版发行： 苏州大学出版社(Soochow University Press)

社　　址： 苏州市十梓街 1 号　邮编：215006

网　　址： www.sudapress.com

E-mail： 113633488@qq.com

印　　装： 虎彩印艺股份有限公司

邮购热线： 0512-67480030　**销售热线：** 0512-67481020

网店地址： https://szdxcbs.tmall.com/(天猫旗舰店)

开　　本： 718mm×1000mm　1/16　**印张：** 12　**字数：** 229 千

版　　次： 2018 年 10 月第 1 版

印　　次： 2018 年 10 月第 1 次印刷

书　　号： ISBN 978-7-5672-2575-6

定　　价： 38.00 元

凡购本社图书发现印装错误，请与本社联系调换。服务热线：0512-65225020

前言

2012年2月，教育部颁布了《幼儿园教师专业标准(试行)》《小学教师专业标准(试行)》，指出学前和小学师资的培养、培训与发展要"以能力为重"，学前教师要"把学前教育理论与保教实践相结合，突出保教实践能力"；小学教师要"把学科知识、教育理论与教育实践相结合，突出教书育人实践能力"。因此，培养具备"保教实践能力"的学前教师和"教书育人实践能力"的小学教师是当前学前教育、小学教育人才培养的基本定位。

在这种教育改革的大背景下，由上海师范大学天华学院副校长龚春蕾领衔、教育学院副院长徐娟共同负责，组建团队，以"坚守与吸纳：上海儿童教育优质师资培养的研究与实践"作为研究主题，围绕"上海优质儿童教育师资培养"这一核心目标，有计划、有步骤地开展了一系列研究和实践工作。

作为此科研项目中的一个子项目，《学前与小学教育教学实践案例》一书主要由学前教育专业骨干教师沈晓燕与小学教育专业骨干教师韩苏曼负责。她们选拔了两个专业中优秀的高年级学生，指导他们去上海市各区县的部分幼儿园与小学，收集幼儿园与小学中的教育教学实践案例。这些实践案例既涉及幼儿园、小学的家园(校)沟通与合作、新教师班级管理与教学等方面，也有儿童入学适应、特殊学生教育等问题，涵盖范围比较全面，具有一定的代表性。

将这些案例汇编成册，是希望给未来的学前与小学教师们更多的第一手实践资料，帮助他们在入职前能做好更充分的准备。此汇编也可作为高校学前教育与小学教育专业课程的实践案例参考材料，还可供广大儿童教育工作者阅读与参考。学习这些案例，对社会生活和教育活动中的真实事件进行研讨、总结、评价，有利于师范生对教育理论、教育原理的实践性理解，也有利于提升师范生和新教师的教育实践能力。在案例探讨过程中，师范生的交流和合作能力不断提升，思考问题更加深刻、透彻,这有助于师范生批判性思维能力的提升,也可为其后续的专业发展打下良好的基础。

在本书编写过程中,上海师范大学天华学院很多同学进行了案例的收集工作,张婷婷、解晞晗、张舒媛等学生参与了案例的编辑工作,在此表示衷心的感谢。更加感谢提供案例的幼儿园与小学教师们。由于编者的水平有限,书中难免有不足之处,恳请使用本书的广大读者批评指正。

目录

学前教育篇

小学教育篇

学前教育篇

01 找对方法，新教师入职新挑战

一 典型案例

W 老师是一位新教师，她所在的幼儿园主要以美术艺术为园级特色，因此幼儿园经常会开展一些相关的美术教学活动。幼儿在美术活动中使用颜料时，经常弄得满手都是。有些孩子极爱干净，一旦手弄脏了就要去洗手，一来二返，不仅影响了教学的流程和质量，也造成了活动场面的混乱，个别调皮好动的孩子还会看准时机打闹嬉戏，最终使得教学活动变成一盘散沙。

二 原因分析

新教师刚进入工作单位，缺乏实践经验，对于班级每个孩子的性格特征也还不够了解。在开展此类活动时，W 老师没有预料到孩子们会有如此大的个性差异，一些孩子会对自己的“干净”执着到如此程度。

三 教师解决方法

对于那些频繁洗手的幼儿，W 老师会试着跟他们交谈，告诉他们：“我们要做的小小画家，都是完成了作品以后才去洗手的。你看，老师的手也是脏的呀，等结束了画作，我们比比看谁的手最脏，说明我们谁最努力。”

当然，性格不是一天就能改变的。W 老师也尊重孩子们爱干净的意愿，特意在这几个孩子的周围多准备了几盆清水，方便他们需要时及时洗手，而不用频繁地跑到盥洗室。同时，每次绘画活动结束后，还进行谁的手最“脏”比赛，让孩子们为自己的劳动“成果”感到骄傲，久而久之，那几个特别爱干净的孩子，也就不那么在意自己的手被颜料染色了。

四 反思与建议

1. 新教师开展教学活动时,要将教学材料投放后的使用情况、幼儿的兴趣和个性特征等各项因素都考虑到位,并做出基本的预设。

2. 尊重孩子的意愿,设身处地地为孩子着想,采用巧妙的方法引导孩子做出转变。

(收集者:陶晨瑶)

02 家园沟通那些事儿

一 典型案例

小班幼儿入园不久,两个孩子在游戏过程中玩闹,期间小 A 不小心抓伤了小 B 的手,当时带班的 H 老师没有注意到这一幕,孩子们也都没有特别的反应,所以放学时 H 老师并没有和家长做特别的说明。回家后,小 B 的父母发现了她手上的伤口,并了解到是同班的小 A 抓伤的,就给 H 老师打电话,情绪十分激动,既想向小 A 的父母讨个说法,又有点责怪老师看护不力。H 老师花费了很长时间与小 B 父母进行沟通,并安抚了小 B 父母的情绪。第二天,H 老师观察了小 B 的伤口;也向小 A 的父母说明了情况。在之后较长的一段时间里,H 老师都及时向小 B 父母反馈其在园的表现,使小 B 的父母慢慢放下心来,并逐渐对 H 老师产生信任。

二 原因分析

小班幼儿刚入园时,是各方面细节都易暴露出问题的高峰期,尤其是在家园沟通工作方面,家长和带班教师往往还未能建立信任,而教师对孩子、家长也不熟悉,彼此之间需要一个磨合的过程。

现在的父母特别宝贝自己的孩子,孩子身上发生的一点小事情,都可能会引起家长极度的关注,一旦教师处理不当,就有可能给家园合作以及正常的教学带来不好的影响。

三 教师解决方法

对于出现的问题,H 老师采取了积极的解决方法。首先,对过度关注自己的孩子、对孩子的事宜过分紧张的小 B 父母,H 老师将重点放在安抚他们的情绪上。先用平和的交流态度使家长冷静下来,使其了解整件事情的经过,再与其进行育儿方法的沟通,产生情感共鸣,使问题得以顺利解决。

其次,H 老师平时也注意多观察孩子的行为,通过观察孩子的行为来分析孩子的成长变化,并及时主动地与家长沟通,让家长了解孩子在幼儿园的表现,并用专业知识进行分析解读,既使家长放心,也让家长渐渐了解教师的专业素养,同时逐步赢得家长的信任,使得各项工作能更顺利地进行下去。

四 反思与建议

现在家长的学历普遍不低,对孩子教育的重视程度也达到前所未有的高度,也往往会形成自己的教育理念。但是,对于在幼儿园发生的一些事件和状况,他们往往过于盲目地相信自己的孩子,而孩子的表述往往不全面或者不准确,这样就导致出现家长不能理解老师、不配合老师工作的现象。

因此,在与家长的沟通与家园共育方面,幼儿教师往往承受着很多无法想象的压力。怎样认真地对待每一个幼儿,合理地解决每一件事,是需要不断思考与实践的。

对于入职前的学前教育专业的学生,H 老师对他们提出的要求是要有"三心"——耐心、爱心、责任心。要勤奋肯干,多向有经验的教师请教;要勇于挑战自我,没有尝试,就不要轻易放弃;要不断提升自身的综合素质与专业能力,建立自己的职业自信;更重要的是要赢得家长的信任,让家园沟通不再是难题。

(收集者:徐艺嘉)

03 实践+经历+理解=成长

一 典型案例

Z老师并非学前教育专业科班出身，虽然她已经考取了幼儿园教师资格证，但是刚开始进入幼儿园工作时，她还是觉得什么都不懂，只能跟着另一个带班老师——她的师傅观摩学习。师傅为她安排工作她都会尽全力完成，但对于这些任务有什么意义、有什么目的、为何要做，她心中其实并不是十分明了。

在开始带班时，Z老师会组织一些相对简单的常规活动，这些活动环节较少，内容编排也不复杂，但是对她而言依然存在着一定的难度。幼儿教师应具备的一些基本技能，如向幼儿提问、进行互动、各个环节的衔接等，她没能完全地掌握，因此在活动中，总是会出现一些疏漏和错误。

二 原因分析

由于不是科班出身，Z老师缺少了与学前教育相关的针对性训练，在幼儿园工作的很多问题上，她会感到手足无措，即便有带教老师从旁指导，也不可能面面俱到。而且，幼儿园里的突发状况可谓是五花八门，需要大量的知识储备和实践经验来应对不同的问题和状况，对教师的个人素养有着较高的要求。

三 教师解决方法

经验都是在不断的实践中积累而来的。曾经有一段让Z老师非常难忘的经历：“我们有将近三个月的时间，每天加班加点，一起‘磨课’，对课程进行反复的修改和实践。”这三个月是Z老师成长的关键期，她学到了许许多多宝贵的知识、方法，尤其是树立了正确的儿童观和教育观，对做好一名幼儿教师充满了信心。这段经历是她宝贵的财富，使她受用至今。

既然想要成长，就必须去经历，很多东西是书本里学不到的。所以，虽然不是学前教育专业出身，但是Z老师没有气馁，她通过在实践中不断地学习，及时进行反思，日积月累，弥补了自己入职前专业知识和技能的缺失，努力地成为一名优秀的学前教育工作者。

四 反思与建议

随着日积月累的学习和实践，Z老师逐渐发现，人无完人，课程也没有完美的课程。不仅是因为执教者本身会出现一些疏漏，也因为老师所面对的孩子们，是永远无法被准确预估的，他们充满着不确定性以及许多未知的变数。正是由于这些不确定因素的存在，才导致了预先设定好的“完美”出现很多“小插曲”，但也让教师们发现了孩子们的潜能会远远超出成人的预估。

教师的成长也是如此，Z老师在实践中不断学习，发现了自己身上的潜能，能更好地理解孩子，理解教育的真谛，努力成为一名专业的学前教育工作者。

（收集者：池中皓）

04 午睡也曾是乖宝宝的“梦魇”

一 典型案例

小Y是小班的一名幼儿，中午午睡时，别的小朋友都睡得很香，但小Y却几乎每天都睡不着。老师劝导、安抚过她多次，却没有一次成功。在幼儿园的一日生活中，小Y的表现都中规中矩，不哭不闹。但每当老师问她为什么不午睡时，她就会紧锁眉头，哭得惊天动地，并且还会拳打脚踢，让老师感到手足无措，只能带她到教室外散步。而每当这时，她便立马“多云转晴”，也不哭闹了，取而代之的是脸上浮现出的笑容。

二 原因分析

幼儿刚入园时，会面临很多挑战，尤其是生活环境和主要照料人的改变，会对幼儿产生很大的影响，幼儿需要一段时间进行适应。小Y就是因此而表现出了午睡难以入睡，并且在午睡环节有明显的抗拒情绪。

三 教师解决方法

带班的S老师在发现小Y这种情况后，马上与家长联系，希望通过家园合作，能帮助小Y更好地适应幼儿园一日生活的各个环节。但是家长的态度是：她不想睡就不要勉强，只要不影响其他小朋友就行了。

在了解了家长对此事的态度后，S老师决定尊重家长的想法，并尝试进行了引导。午睡时间，老师走到小Y的身边，对她说：“宝贝，今天你可以不午睡，但是有个条件，就是你不能影响别人，可以吗？”她兴奋地回答：“可以，老师你真好！”随即绽放出一张灿烂的笑脸，老师也回以她一个微笑。之后的几天，小Y都会主动地告诉老师：“老师，我不会影响其他小朋友的！”在接下去的日子里，小Y在午睡时间一直没有入睡，但是也没有影响到别的小朋友。

四 反思与建议

在这个案例中,S老师首先与幼儿家长交流意见,并尊重家长的想法。随后,S老师与幼儿直接谈话,直面幼儿的真实想法和真实情绪,再进一步尝试说服幼儿。这一步骤是每个教师在处理问题时都必不可少的。当幼儿不愿意改变时,S老师也没有固执地坚持原则,而是根据实际,在不影响其他幼儿正常作息的情况下,灵活变通,稍做让步。毕竟尊重幼儿的意愿是教师应有的教育观。

由此可见,幼儿教师在处理问题时不能墨守成规,要灵活变通,以尊重幼儿为前提,真正促进幼儿的健康成长。

（收集者:王梦姣）

05 耐心倾听孩子的心声

一 典型案例

幼儿园里，收拾整理玩具的音乐响起了，孩子们听到音乐声，大部分都知道应当快速将玩具放回原处。有的幼儿能够把积木拆开分类摆放，有的幼儿则将自己带来的玩具整理好放在共同的篮筐中。

小C拿着自己的玩具急匆匆地跑到外面的玩具架旁，但并没有马上放好玩具，而是蹲在玩具架旁边，继续玩耍。这时，她又被旁边经过的小D撞到了。于是小C跑向老师告状："老师，小D撞到我了，把我撞得好疼呀！"而小D躲在小C后面，一声不吭。恰巧这一幕被带班老师完整地看到了。

二 原因分析

小C是一个性格活泼、聪明，但相对较为调皮的孩子，由于她缺乏自控力，因此成了老师眼中的"捣蛋分子"。由于玩具架在教室的外面，所以小C认为自己不及时放还玩具不会被老师看见。

相比之下，小D是个较为老实本分的孩子，在撞到小C之后竟躲在了小C身后，看到小C先告状而心生胆怯，不敢吱声。

三 教师解决方法

在小C告状后，老师与两位孩子分别进行了沟通，并请小C回忆并复述事情的经过。等事情说清楚了之后，老师请幼儿自己判断自己的行为，哪里做得好或者不好。由于小D的木讷和内向，老师事先表明自己不会因为谁先告状就听谁的，特意鼓励小D大胆地表达自己。小C回忆了事情的经过，意识到是因为自己停留在玩具架旁继续玩玩具而导致了碰撞事故的发生，承认了自己的错误，并诚恳地向小D道了歉。

四 反思与建议

在幼儿园中,幼儿的告状行为是十分普遍的,对于老师来说,倾听每一个幼儿的心声十分重要。这种倾听不仅是了解幼儿的诉求,更是表达一种对幼儿的尊重,不听一面之词,不有失偏颇,引导幼儿正确地处理同伴关系,发展较为全面的社会交往能力。

(收集者:韩嘉婧)

06 发现孩子身上的闪光点

一 典型案例

小 R 是中班上学期新转来的一位男生，他长相可爱，活泼好动，聪明伶俐。上集体教学课时，他反应很快，总是第一个举手回答问题。但是他过于好动，时常管不住自己。有时老师的要求还未讲完，他就会开始动手做起来。有次进行绘画活动时，老师还未将要求讲完，他就趁老师不注意，拿起水笔开始涂鸦，把画册涂得乱七八糟。平时上课也往往容易不遵守纪律，在区域活动时经常会与其他小朋友发生争执，中午午睡时总是动来动去，很难入睡，让带班老师觉得十分费神。

二 原因分析

经过带班老师的观察，小 R 是个思维敏捷、动手能力强、爱挑战的孩子，但是由于他的父母工作较忙，平时给予的关注和教育不够，让孩子养成了随心所欲、想干什么就干什么的习惯。而且他是独生子，较以自我为中心，很少与其他小朋友一起玩，缺乏与他人合作的集体意识。

三 教师解决方法

带班老师与小 R 的母亲沟通后发现，他在家里也是如此，家长根本管不住他，所以家长也很迫切地希望老师能给一些好的建议，使孩子能养成比较好的行为习惯。

老师的建议是幼儿园和家长要对孩子进行一致性的教育，希望家长在家庭生活中建立一些基本的规则，引导孩子去遵守。而老师也会帮助孩子了解和认识在园一日的常规要求，知道自己在集体中该做什么，不该做什么。在日常生活中，会注意引导他上课遵守纪律，认真听老师讲话，发言时要举手，和小朋友一起玩时要相互帮助,等等。当小R在家庭和幼儿园中的表现有进步时,要及时给予鼓励和表扬,同时,也给他提供能更好地表现自己的机会。

经过一个学期的教育,到中班下学期,小R有了很大的进步,基本上改掉了好动的小毛病,上课时也不再随意插嘴说话了;性格也有所改变,能融入周围小朋友们的活动,和大家一起愉快地进行游戏了。

四 反思与建议

3～6岁是幼儿最重要的成长阶段,每个孩子都有自己独特的家庭背景,形成了不同的性格特征,老师要在尊重每个孩子的基础上,发现他们身上的闪光点,引导他们养成良好的行为习惯;更要与家长密切合作,共同促进孩子的进步。

(收集者:刘潇尹)

07 “不爱说话”的韩国宝宝

一 典型案例

J是一位4周岁的韩国小朋友，因父母工作原因，他跟随父母来到中国生活。在J一家中，除了父亲能够使用一点简单的中文进行沟通以外，J和他的母亲完全不会中文。J刚入学时，由于文化、语言、习惯的差异，很难和班级里的其他小朋友进行正常的交流，所以他的一日生活可以说是混乱至极。很快，老师也发现了这个问题。

当老师组织开展集体活动时，J或是默默地坐在一旁自己玩，或是在一旁打量、观察其他小朋友，从不举手回答问题，即使老师提问他，他也只是站起来不说话。带班的T老师很想将J的在园表现反馈给他的家长，但每次又因语言障碍而不能及时沟通。

二 原因分析

语言障碍是发生以上情况的主要原因。孩子和母亲刚来中国，不会中文，会一点中文的爸爸又工作很忙，平时主要由妈妈接送孩子，而老师也不会韩文，无法进行有效的沟通。

三 教师解决方法

通过一段时间的观察之后，T老师决定主动出击，与J的父亲取得联系，约定了上门家访的时间，以便更加深入地了解J的家庭环境，并与J的父母交流，使他们了解孩子在幼儿园的情况，共同商议该如何更好地解决J在学校出现的问题。

T老师在家访中了解到，J其实是一个性格活泼外向的孩子，与父母在一起的时候总会提出不少问题，也总有聊不完的话题。但是在幼儿园的时候，因为语言障碍,导致他难以和其他幼儿交流。同时,J 也害怕其他幼儿嘲笑自己与众不同,所以在幼儿园的时候总是小心翼翼,很少与其他幼儿互动。

老师在了解了这一情况之后,学习了一些简单的韩语,并开展了一节名为“介绍我的家乡”的集体教学活动。在这次活动中,老师专门介绍了 J 的家乡,并邀请了 J 的父母作为助教老师,教孩子们一些简单的韩语。在集体教学活动后,老师也希望其他小朋友可以主动和 J 交流。遇到一些用语言难以顺利表达的词汇时,老师也鼓励小朋友用肢体语言、绘画等方式进行交流。

这次集体教学活动之后,J 与其他幼儿的交往开始明显变得主动,渐渐地,他也可以融入集体活动中,其他幼儿也很愿意与他互动,他的社会能力明显得到了发展。此外,J 的中文表达能力也得到了很大的提升,幼儿园毕业的时候,他可以听懂百分之八十左右的中文了。

四 反思与建议

教师在幼儿园一日活动中,要学会观察每一个幼儿的表现,这是一个幼儿教师必备的职业素养。通过观察,老师可以了解孩子们的各项发展水平。同时也要主动与家长沟通,哪怕是外国家长,为了孩子的健康成长,也要及时进行沟通交流。在此基础上,根据本班孩子的具体情况,开展相关的活动,以取得良好的教育效果。

(收集者:杨唯一)

08 如果能上门服务就好啦

一 典型案例

小班区角活动开始了,班级里大部分幼儿都忙了起来,但是“理发店”里有两名幼儿却在无所事事地摆弄着材料。L老师已经连续好几天都发现了这个现象。这天,L老师决定做一些改变。她走进“理发店”,问道:“请问,可以洗头吗?”一听这话,两名幼儿一起上前忙开了。小X拿来了围兜给老师围上,小Y拿出了“洗发水”,一边用力挤着一边热情地问L老师:“L老师,你要按摩吗?”“好的,在哪里按摩?”小Y立刻牵着L老师的手,来到旁边的小床上提供了“按摩”服务。随后,两位小小“造型师”好一阵折腾,终于把一切都打理好了。L老师笑着对他们说:“你们的服务这么好,可惜大家还不知道,如果你们能上门服务就好啦!”两名幼儿听了L老师的话很受启发,小脑袋灵机一动便有了新主意:“我们出去给大家洗头按摩吧!”

二 原因分析

小班孩子生活经验相对不够丰富,在开展区角活动时,由于经验的缺乏,往往会导致情节简单,游戏无法顺利地进行下去。

三 教师解决方法

角色扮演活动刚开始的时候,由于没有人光顾“理发店”,两名幼儿显得有些无所事事,没有进入角色,幼儿之间的角色互动也很少。教师便以顾客的身份与幼儿进行角色互动,以“如果……就好了”的征询意见式的口吻,给出新建议,使得游戏情节丰富,幼儿的游戏积极性提高,游戏能顺利地进行下去。

四 反思与建议

在幼儿的游戏中，教师是观察者、支持者、引导者。幼儿在游戏时，教师要敏锐地观察每个幼儿的变化，了解他们的兴趣与需要。幼儿游戏出现困难的时候，教师应适时地介入，采用恰当的办法，启发幼儿将主题情节深入下去，增强同伴间的互动和沟通。教师需要注意的是，将新的建议转化为幼儿游戏的内在需要，使之成为幼儿的主动行为。

（收集者：陈晓璐）

09 入园焦虑巧应对

一 典型案例

如何应对小班孩子的入园不适，应该是每位小班教师都会面临的问题。开学初，孩子们来到幼儿园，接触到了一个新的环境，周围都是他们不熟悉的人。有些幼儿在刚到园时能高高兴兴地和小朋友一起玩，不哭不闹，但当父母要走时，他们就急得哭起来，抱着父母不肯撒手。这时教师介入，将他们抱着安抚，就可以使他们安静下来，认真听老师讲话，和老师一起做游戏，慢慢适应幼儿园生活。但还有一些幼儿，一到园就哭个不停，喊着闹着不让父母走，在父母好言安抚后，依然哭个不停，无论是老师还是其他小朋友，都无法让他摆脱这种焦虑的情绪，并且这样的情绪会持续伴随他一整天。

小 M 就是这样一个小朋友，她一进幼儿园就哭闹不止，不让父母走，一连好几天都是这样。而且在一日活动中，她总是独自坐在一个角落里，沉浸在自己的世界里，不与其他孩子交流。

二 原因分析

新生入园不适应主要源于两个方面的压力。首先是陌生的环境带来的压力，离开了熟悉的家庭环境和家人的照顾，幼儿会有极大的不安全感。其次是幼儿园的各项作息制度，对幼儿生活习惯的要求等会让幼儿感到不适应和恐惧。

三 教师解决方法

针对小 M 的情况，带班老师 O 老师去她家进行了家访。从家访中 O 老师了解到，小 M 平时主要由母亲照顾，在家吃饭都由家里的长辈来喂，家人都比较宠爱她，使她养成了饭来张口、衣来伸手的习惯，而且这个孩子比较内向，脾气也很倔。

了解了小 M 的情况后，每天小 M 来园，O 老师就从她父母手中接过她，并笑眯眯地说："来，老师抱，老师好喜欢你哦。"随后带她去玩玩具，或者给她讲故事，转移她的注意力，帮助她稳定情绪，使她更愿意亲近老师，慢慢地让她从与父母分离的焦虑中平静下来。

四 反思与建议

针对小班幼儿，从生活上要给他们更多关心与照顾，让他们消除陌生感，安心来园。在与他们交流时要蹲下身，多抱抱他们，尽量缩小老师与幼儿之间的距离，帮助他们消除陌生感，使他们愿意亲近老师，尽快适应幼儿园集体生活。

同时，在家园合作方面，教师要多与家长沟通，要让幼儿知道自己为什么要上幼儿园，还要让幼儿相信父母是爱自己的，父母是想让幼儿交更多的朋友，学习更多的本领。日常生活中父母要培养幼儿的生活自理能力，让幼儿养成良好的习惯，以减少幼儿因不舍、依恋而造成的不必要的忧虑和紧张。此外，教师也要把幼儿的进步及时向家长反馈，让幼儿家长也能了解幼儿在园的表现，从而更加愿意配合老师的教育工作。

（收集者：朱佳琳）

10 “外面的世界很美好”

一 典型案例

小 Q 是小班的一个小男孩，他是一个性格安静、十分乖巧的孩子，但是平时很少看到他和班里其他小朋友说话。他学习的时候很认真，眼睛跟随着老师移动，仔细聆听老师说的每句话，但从不举手回答问题，只是默默地看着教室里老师同学的一举一动。当其他小朋友活动时，他就静静地站在一边观看。有一次，在室内自主阅读时间段，老师请小朋友们自己拿书，看完后再和其他小朋友交换。开始的时候，所有小朋友都挑选了一本自己满意的书坐到座位上阅读，只有他突兀地站在书架面前漫无目的地挑选着，这本刚拿出来翻了两页，随即又放回书架换了其他的书，刚翻了两页又换了一本，没有像其他孩子一样选定绘本坐下来看。

二 原因分析

小 Q 属于较为内向的小朋友，他不善于表达自己的想法和需求，较为安静，不会与其他小朋友争夺任何物品。他的交际圈较为狭小，更偏好独处、安静的环境，容易沉浸在自己的世界里，做自己喜欢的事情。每当遇到问题和困难时也不会主动去寻求帮助。

三 教师解决方法

带班老师与小 Q 父母进行了交流，得知小 Q 在熟悉的环境中，面对熟人时很喜欢交流。因此在观察了小 Q 一段时间，并在他渐渐熟悉和适应幼儿园生活后，带班老师认为自选绘本环节是一次很好的介入时机。老师走到他旁边，问他：“还没有选到自己喜欢的书吗？”他小声呢喃了一句，但声音微弱，老师没有听见。老师又笑着问他：“老师当你的朋友，和你一起挑书，好吗？”他望着老师，眼中闪烁着喜悦的光芒。老师继续问:“你喜欢什么样的书?”他说:“恐龙,没有了。”

简短的交流后,老师明白了,原来他喜欢的恐龙书已经被其他小朋友选走了,所以他一直犹豫不决,迟迟难以做出选择。老师对他说:“我有个好办法。你再拿本书跟那个拿恐龙书的小朋友去交换吧!”于是他便拿了一本书,然后慢慢朝拿了恐龙书的孩子走过去。当小 Q 走到这个孩子(小 N)面前时,他没有说话,只是沉默地看着对方。(小 N 个子很高,班级里的孩子见了他都稍微有些害怕)这个状态大概持续了近 2 分钟,老师又去问他:“为什么不拿你的书和他交换?”他回头看了看老师也不说话。“小 Q,请你看看老师是怎么做的。”于是,老师对着小 N 说:“小 N,你的书看完了吗?我们交换一下,好吗?”小 N 同意了。于是恐龙书到了老师手里,老师又对小 Q 说:“小 Q,你想一想怎么和我交换呢?”小 Q 看着老师,用很小的声音对老师说:“L 老师,我们交换一下,好吗?”老师微笑着说道:“请你再大声一点,我没有听到。”于是他又低下了头,稍微大声了些:“L 老师,我们交换一下,好吗?”于是老师和他交换了绘本,小 Q 满意地回到自己的座位上看书了。

四 反思与建议

对于过于内向的孩子,老师要在平时多观察他们细微的行为表现,通过恰当的时机进行介入,教会他们如何正确地与他人交往,并树立其信心,对孩子每一点的进步与突破,都要给予肯定与鼓励,使孩子体会到与同伴交往的乐趣。同时老师也要与家长及时沟通交流,一起鼓励孩子多与同伴或者同龄人交流、沟通,使他敢于和小朋友们打交道,敢于表达自己,从而提升自己的表达能力。

(收集者:李嘉书)

11 谁的错?

一 典型案例

女孩小 Z 从小学习芭蕾舞,对跳舞有着很大的兴趣。她的父亲每天放学都接送她去学习芭蕾,对女儿的舞蹈学习也十分看重,并相当引以为豪。有一次,小 Z 向带班 J 老师主动提出要担任领操员,J 老师同意了。第二天,小 Z 就站上了红旗台,成了班级领操员。但是这天上午带班的是另一位 K 老师,她并不了解昨日的情况。当她看到小 Z 做领操员并没有做得特别好时,就对小 Z 说:"你做得不够好,下次不需要你来做领操员了。"小 Z 有些难过,回去和父亲说了这件事,随后父亲打电话给 K 老师,对老师说:"我觉得小朋友有这样的勇气是很好的事情,老师为什么要扼杀呢?她想做什么就让她去尝试嘛!"K 老师听了很无奈,但也并没有妥协,并未顺从孩子父亲的要求让小 Z 继续担任领操员。事后 K 老师再次和小 Z 父亲进行沟通,但双方都不让步,家园沟通陷入了僵局。

二 原因分析

(一) 教师方面

首先,两位老师之间没有做好沟通,在工作交接方面出现了一些疏漏,导致接班老师不清楚另一位老师带班时,班上发生的一些变动情况和特殊事件。

其次,老师没有观察和照顾到幼儿情绪和行为的变化。老师对幼儿说话的语气和方式应柔和,以鼓励和赞赏为主,委婉表达,例如:"老师觉得你能上台做领操员是非常勇敢的,你可以回家多多练习一下,下次就能做得更好了!"

最后,老师与家长的沟通不够及时,发生事件后老师就应该及时和家长联系,告知事件的原委,避免幼儿回家后,因讲述不清,使原本简单的一件事变得复杂。同时,在发生事件以后老师与家长沟通时,要注意运用一些谈话技巧,耐心地和家长沟通,而不是用逃避、拒绝、强硬的态度进行交谈。

(二) 家长方面

首先,家长听了孩子单方面的叙述后,直接打电话质问和责怪老师,并没有客观地听一听老师对事件的阐述和看法,无视老师在教育幼儿方面的专业性,也是不尊重老师的表现。

其次,家长过于溺爱孩子,对于幼儿说的话、提出的要求不分辨对错,尽力满足,长此以往,会养成幼儿任性的不良行为,不利于幼儿自身行为习惯的培养。

三 教师解决方法

一方面,老师应主动向家长阐明事情原因,对于自己工作中的失误,应向家长做出诚恳道歉,并对事件进行反思。小 Z 父亲对老师的处理结果并不满意,双方沟通陷入僵局时,老师并没有毫无原则地做出让步。因为不合理的退让和妥协是不可取的,老师要尽量照顾到所有幼儿,而不是对个别幼儿及家长予取予求。

另一方面,老师根据小 Z 的特长,为她提供很多的表演机会,比如区角游戏的小舞台表演、园中的亲子活动表演,尊重她的特点,保护孩子的自信心。

四 反思与建议

1. 教师与家长一定要多多沟通,保持家园联系,及时交流孩子的学习和生活情况,尝试站在家长的角度思考问题。

2. 教师关注的重点始终应该放在幼儿的生活和学习上,关心和爱护幼儿才是教师的首要工作,不要被家长问题所困扰,避免将不良情绪发泄在幼儿身上。

3. 在家长问题上要体现教师的专业性和原则性,若是自身工作失误,及时说明原因并道歉;对于家长提出的不合理要求,要有自己的主见和坚持,也可以和家长多多交流自己专业所学的科学育儿方式,达成家园教育的一致。

(收集者:杨涤)

12 老师与家长不越界

一 典型案例

一位幼儿教师和班里一位孩子的家长比较投缘，这位家长非常善于人际交往，经常与教师谈及一些孩子以外的家庭话题，当教师在交谈中偶然得知这位家长能够买到真正的便宜的进口奶粉时，她想到自己的孩子正好需要，又想到和这位家长的关系比较亲近，便以打折后的低价，定期请这位家长给自己的孩子带奶粉。

突然有一天，教师被这位家长告到了园长室，事因是孩子午睡尿床了，教师没有发现，孩子穿着湿裤子在幼儿园待了一下午。同时，家长还添油加醋地将奶粉事件汇报给园长。事后，教师连争辩甚至是向家长道歉的机会都没有，直接被解聘了。

二 原因分析

教师这样一个职业，在与家长的交往中不应有任何个人利益瓜葛，因为这种利益关系形成的“表面朋友”往往导致的结果就是，你要为自己一时贪图小利的心思付出惨痛的代价。

这不但违背了家园共育原则，也容易使这部分有着私心的家长们产生一种优越感，觉得自己的孩子就该受到照顾与优待，任何的差错都有可能被小题大做。

三 教师解决方法

首先，老师在与家长的互动中，应当保持适度的心理距离，与某几个家长交往过密是非常不可取的。这不仅会让孩子家长出现过多期望，希望老师能给予自己的孩子更多的照顾，也容易引起其他家长的猜忌，不利于工作的展开。其次，老师和家长接触时，把交往的内容控制在工作范围之内，教育是教师的首要职责，超越了这个范围，如发展成客户关系、合作关系等，都极易引起别人的误会。

四 反思与建议

教师和家长之间应该保持一定的距离，不冲不撞不越界，本着一切为了幼儿的发展的原则，各自扮演好自己的角色，找准幼儿发展这一话题，避免利益瓜葛和不正常的人际关系，这才最能体现教师的本色和价值，才最能得到家长的认可和信任，才真正有助于幼儿良好的发展。

（收集者：史静怡）

13 新教师的感悟

一 典型案例

罗老师刚入职时所带的班级是大班，此班从小班入园开始一直频繁更换带班老师。罗老师带班时，原带班老师中有一名教师临时辞职，另一名带班老师在与罗老师搭班一周后，突然生病请假，于是班级里只有罗老师一人带班。刚上任的罗老师就要肩负着独自一个人带好一个班的重任。

因为罗老师是刚入职的老师，幼儿都不怎么听罗老师的话，不配合罗老师的工作。从早上入园活动开始，幼儿想做什么就做什么，毫无纪律可言，班级秩序混乱，整个楼层都能听到班级里的吵闹声。在进行教学活动时，大部分幼儿不认真听讲，做小动作，甚至比较调皮的幼儿会在课堂上捣乱，让老师没有办法进行教学活动。

由于罗老师是新接手这个班级，对幼儿了解不够，在班级管理方面做得不够好，因此，有部分家长并不认同、支持老师的工作，觉得新老师经验不足，对幼儿关注了解不够。罗老师所在的幼儿园有一个"每日一句话"活动，要求家长每天把幼儿说的一句话写出来，并拍照，每周一张照片，月底收齐，由老师进行整理后统一贴在走廊进行展示。由于家长们不重视这个活动，没有按时将照片交给老师，别的班级都将全部幼儿的照片贴在走廊展览，罗老师由于只收到个别家长交的照片，因此只能展示很少一部分。

还有教育及生活自理能力的培养等方面，家长也因种种原因，极不配合罗老师的工作。

二 原因分析

（一）班级管理方面

首先，由于该班级频繁更换带班老师，幼儿没有一个稳定的依恋对象，会缺乏安全感，所以可能会不服从老师管理。

其次，在班级管理方面，不同的老师有不同的方法，幼儿需要去适应老师，需要时间去和老师熟悉、磨合；老师和幼儿相处时间过短，彼此不够熟悉，还没有彻底了解各个幼儿的性格特征以及家庭信息等各方面的详细情况，无法很好地因材施教，所以会出现教育方法不恰当等现象，在班级管理方面显得心有余而力不足。

（二）家园联系方面

第一，沟通渠道较窄：家长平时工作忙，与老师接触机会较少。家长接送幼儿时的面谈是家园沟通中的最常见形式。但是由于父母工作繁忙，大多是爷爷奶奶接送幼儿，老师与家长沟通的信息通过老人的传达总会有所疏漏，词不达意。甚至有的家长根本不重视谈话内容，出幼儿园就忘，这导致了家长和教师在沟通过程中的矛盾与不可逾越的鸿沟。

第二，家长接受沟通的机会不均等：有的家长因为工作忙，与老师沟通较少，或者老师一般选择交流的是在幼儿园中表现比较突出或问题比较严重的幼儿家长。而那些处在中段的幼儿，老师反而会忽视或冷落。这些孩子的家长可能只能听着别人与老师的交流，这会让家长联想到自己的孩子在园是否也会遭受这样的待遇。

三 教师解决方法

（一）班级管理

第一，尽量为幼儿营造一个宽松、温馨的环境，让幼儿时刻感受到教师的关爱。要与幼儿建立良好的人际关系，主动亲近幼儿，并创设轻松愉快的气氛让幼儿主动吐露心声，走近幼儿，了解幼儿的内心世界，对不同性格的幼儿给予不同的帮助，让幼儿时刻感受到教师的关怀和母亲般的爱。只有互相的了解和彼此的信任，才能创设宽松、愉悦又温馨的班级氛围，从而增加班级的凝聚力，让班级里洋溢着爱的温暖，使幼儿感受到学习和成长的快乐。

第二，发挥幼儿自主性，建立班级常规。良好的班级常规可以提升管理效率。规范幼儿行为，使幼儿融入班级集体生活。

（二）家园联系

第一，平等交流，尊重家长。老师应采取多种途径真诚地与家长交流，尊重他们的观点；耐心、虚心、诚心地听取家长的一些合理有益的建议，平等对待家长；营造一个平等、轻松、愉快的交流环境。

第二，发现幼儿的优点，赏识、肯定幼儿并及时与家长沟通，善于倾听家长讲述幼儿在家里的表现,分享幼儿的信息。

第三,设立家长开放日,让家长来园参与到幼儿的一日生活管理中;让家长明白老师的辛苦付出,增强家长对老师的信任,使家长对幼儿在园的学习和生活感到放心,有利于家园工作的进一步开展。

四 反思与建议

作为一名刚入职的教师,罗老师认为她需要更加积极的学习,勇于突破自己。

1. 爱护幼儿,用真切的行动为幼儿打造一片爱的氛围,亲近幼儿,了解幼儿,尊重幼儿。

2. 定期家访。家访工作可为老师与家长的沟通以及和幼儿的情感发展奠定良好的基础,也让家长对老师和幼儿园以及老师的工作有一个基本的了解。

3. 尊重家长,积极为家长创设一个良好的参与环境。在工作中经常和家长交流幼儿的发展状况、幼儿的活动状况;让家长及时了解自己的幼儿在园生活学习的情况,解决家长平时教育幼儿遇到的疑难问题,同时向家长介绍新的教育观;帮助家长掌握幼儿在园学习的一些诗歌、故事和歌曲,便于家长与幼儿交流。

4. 尊重幼儿的人格。每个幼儿都是独立的个体,都有要求独立行动、独立自主的倾向。因此,教师必须以幼儿为本,决不能把自己的意志强加于幼儿,要充分理解幼儿,信任幼儿,欣赏幼儿,挖掘他们的闪光点,呵护他们的创造潜能。

5. 时刻关注幼儿,注重年龄差异。面向全体,关爱每个幼儿。学会去观察了解幼儿某一年龄阶段的一般特点,并把握个体特点。在活动过程中及时解读幼儿,调整自己的教育方式,让活动真正适合幼儿,并促进幼儿的发展。

(收集者:蒲婧)

14 沟通讲策略

一 典型案例

李老师刚参加工作时，班里的一位小朋友阳阳在自由活动时间不小心磕到了教室的桌角，额头处被磕出了一道小小的红印。李老师作为带班老师，在第一时间检查了阳阳的情况，确定阳阳除额头上有红印外没有其他部位受伤。另外，李老师是一个地地道道的北方人，性格直爽，大大咧咧，认为这件事并没有多么严重，磕磕碰碰的一点皮外伤属于正常情况，心想在离园时，向家长反映一下情况即可。但是，阳阳的家长却十分介意自己的孩子在幼儿园受伤这件事。于是，老师和家长在对待这件事情的看法上出现了极大的分歧，在沟通的过程中也发生了不可避免的言语冲突。在此情况下，最大的困难就是如何正确地与家长进行沟通。

二 原因分析

1. 由于幼儿园的特殊环境以及幼儿爱玩爱动的天性，幼儿在幼儿园里发生磕磕碰碰在所难免。

2. 幼儿自身安全意识薄弱。

3. 不同的家长对于幼儿安全问题的态度不相同。

阳阳的家长是心思细腻的南方人，南方人与北方人在对待事情的态度和看法以及习惯上存在诸多差异，导致了现实情况与李老师的设想相反，李老师与阳阳的家长之间产生了一些矛盾。

三 教师解决方法

1. 幼儿在幼儿园里发生安全问题，老师需要及时向家长客观陈述事情经过，说明原因。

2. 老师在与家长沟通时,先得向家长表示歉意,同时注意观察家长的态度。如果家长并不是特别在意,可以较轻松地与家长进行交流,并向家长反映幼儿在园的表现;如果家长特别在意,老师与家长沟通较难进行时,可以申请园方与家长进行沟通,这样会更具有说服力,共同找到最好的解决方法。

3. 教师要调节好自己的情绪,与家长沟通时态度要随和,不能与家长发生正面冲突。

4. 在日常的教学过程或者常规化教育中,教师需要加强幼儿安全意识的培养,制定一些日常活动的规则。

四 反思与建议

1. 幼儿的安全工作是幼儿保教工作的重中之重。幼儿一日生活的各个方面都和安全密切相关。作为幼儿的带班老师,就更应该真正将幼儿的安全放在心上,将安全教育渗透入幼儿的一日生活中。

2. 在实践中摸索,积累经验。仅仅靠理论知识或者别人的经验传授是远远不够的,需要尽量增加自己的实践机会,只有在实践中遇到了具体情况,才会明白应该怎么处理。

3. 在与家长沟通时,善于使用一些比较有效的沟通技巧。尽量运用积极、正面的语言与家长进行面谈,以家长容易接受的方式进行及时的沟通,避免矛盾的累积。

(收集者:杨安仪)

15 用耐心关爱自闭症儿童

一 典型案例

带班老师刚刚任教时,就面临了一个比较棘手的问题:班级内有一名患有自闭症的特殊儿童。该幼儿处于自闭症初期,幼儿的家长因为幼儿的特殊情况,放弃工作,专程陪伴,并且请来了国外的治疗专家,对幼儿进行早期干预。该幼儿每周来园一天,在来园期间,幼儿大部分时间处于独自一人的状态,不与其他幼儿进行交流,并且对于老师的询问等也置之不理。以家长和医生为主要指导,老师也积极配合参与治疗,将幼儿在园的情况及时与家长进行反馈。最后,在三方的共同努力下,该幼儿的症状得到了一定的改善。

二 原因分析

幼儿园教育应面向每一个适龄的幼儿,包括普通儿童和在成人协助下能基本适应幼儿园环境的特殊儿童。这是国家,特别是上海市政府一直倡导的融合教育的理念。现在越来越多的幼儿园会接纳患有自闭症等症状的特殊儿童,但还没有特别有效的治疗方法,需要周围成年人给予极大的耐心和关心。

三 教师解决方法

对待班级内的特殊儿童,一定要给予更多的关心与耐心。老师与家长之间的沟通也非常重要,要把幼儿在园情况及时反馈给家长。最重要的是,在关注幼儿、给予幼儿指导的过程中,要遵循幼儿自身的发展规律。

四 反思与建议

平等地对待每一个幼儿。对于一些患有自闭症的幼儿，要给予更多的爱心和耐心。及时而有效地与家长进行交流和沟通，让双方都能更好地了解幼儿，帮助幼儿融入集体，从而使其症状得以改善。

（收集者：代舒慧）

16 教育非一朝一夕

一 典型案例

（一）班级管理方面

羊羊老师刚开始带班时，觉得自己身为一名年轻老师，应该和幼儿打成一片，建立一种积极互动的友好关系。再加上刚开始接手新的班级时，班上的幼儿都很喜欢自己，于是在日常的规矩方面，羊羊老师对幼儿并没有太过严格的要求，在班级中也没有建立相关的规章制度，给予幼儿很多的自由。这导致了日后组织幼儿活动时场面十分混乱，难以管理。有一次，羊羊老师带领幼儿们做游戏，她和幼儿们一起玩得很开心，有些忘乎所以，班级中根本就没有了规矩和秩序，导致一名幼儿发生了意外，流了不少血，还去医院缝了针，把当时新上任的羊羊老师吓坏了。

（二）教学方面

大树老师以新教师的身份刚入园时，在教学设计中遇到了一些问题。大树老师给幼儿上第一节课时，参考了相关书籍上已经设计好的活动，这是一个比较成熟的教学活动，所以实践时难度较小，整个活动进行得比较顺利。但在此之后，大树老师自己进行教学活动设计时，发现幼儿在活动中的回答、反应和表现，与自己所预设的不一样，并没有按照自己设定好的教学目标来进行，需要花费很多精力，才能将幼儿引导到自己所设定的主题上来。

二 原因分析

1. 羊羊老师作为一名新教师，在班级管理方面缺乏经验，对于新接手班级的很多情况都不甚了解。她没有在班级中建立良好的秩序和规则，也没能正确把握好与幼儿之间的关系，不知如何做到既跟幼儿友好亲近，又让幼儿在一个安全有秩序的范围内活动。此外，她也没有把握好与幼儿互动时的适度性，对于存在的安全隐患，没有及时发现并且进行相关处理。

2. 大树老师由于是刚刚入职的教师，在教学方面经验不足，对活动过程中出现的各种情况，没有一个适当的解决办法。面对众多性格迥异的孩子，大树老师缺乏引导经验。一次教学活动的顺利开展是和很多因素息息相关的，比如教师本身设计的活动是否合理、每个活动环节的情景性是否完善、各个环节的衔接是否流畅、教师本身的语言表达和态度是否起到良好的引导作用、幼儿活动时的状态如何等，有许多细节都是需要斟酌的。

三 教师解决方法

1. 在羊羊老师的案例中，首先，老师应为幼儿制定一些常规要求，建立好班级活动规则。在安全的大前提下进行活动，老师应做到既能跟幼儿亲近，又能让幼儿有秩序、有规矩。

其次，在建立规则时，可以通过给幼儿讲故事、做游戏、唱儿歌等生动的方式去引导幼儿。比如，让幼儿在睡觉前要叠好自己的衣服，便可以通过儿歌的方式进行，“衣服两扇门，左边关关好，右边关关好，再来弯弯腰”，这样衣服就叠好啦。采用这样生动活泼的方式，幼儿易于理解。当需要对幼儿提出一些要求时，应从幼儿的角度出发，用他们能够理解的语言去和他们交流。比如，想要幼儿在吃饭时少说话，如果直接命令式地告诉他们，既会显得老师没有技巧性，又不容易得到幼儿的配合。所以老师可以换个方式引导幼儿：“吃饭时讲话很容易呛到，伤害到自己，我们要学会保护自己，大家吃饭的本领都是很强的。”使用这样的方式跟幼儿交流，他们会更容易接受。

最后，当幼儿在进行活动时自觉遵守了规则，老师可以采用表扬的方式，使幼儿良好的行为得到强化，以便他们继续保持，甚至做得更好，并且可以给其他幼儿树立良好的榜样，让大家都能更好地去听清要求、遵守规则，营造出一个安全有序、轻松自由的环境，以更好地进行活动。

2. 在大树老师的案例中，首先，设计教学活动时，应当尝试换位思考，试想幼儿会怎么回答老师预设的问题，然后以此问题去假设不同的幼儿，思考这些幼儿会如何回答，自己又该做出怎样的回应。

其次，在自己设计的教学活动环节中，对于左右一次教学活动是否能够顺利展开的各个细节，要有条理地进行区分，知道哪些因素是可控的，哪些因素是不可控的。将能控制的因素掌控好，对不可控的因素要做好充分的应对准备。

最后,经验是很重要的。在教师岗位上不能停止学习的步伐,好的教学活动设计,反复的积累和钻研,不断总结方法技巧,将资源转化为自己的经验。

四 反思与建议

带班老师对职前学前教育专业学生提供的一些建议:

1. 学习好专业知识。实践固然重要,但丰富的理论知识是实践的前提和支撑。比如在区角活动的布置上,不是把所有的区角都布置完了就是好的,应根据环境创设的相关理论知识,对区角活动的位置进行合理分配。例如阅读区应该邻近探索区,娃娃家应该邻近建构区,等等,两个区角活动之间要有一定的联系。

2. 在见习时,多认真、仔细地观察幼儿的各种情况,并且观察当幼儿出现问题时,带班老师是怎么解决处理的。要时刻保持认真求知的态度,当自己有疑惑时,一定要多积极主动地去问带班老师,并且做好相关记录。因为在见习时自己的所见所闻,很有可能就是今后自己在工作中会遇到的问题,所以一定要准备好笔记本,将自己见习时了解的相关信息以及相关策略记下来,以备将来参考。

3. 在学校学习时,要把各种专业技能学扎实。比如钢琴、儿童舞蹈创编、教案的编写以及讲课的技能等。学校提供的各种机会要好好把握,不断锻炼,从而提升自己的专业技能。比如幼儿园经常会举办一些活动,给幼儿排练一些简单的舞蹈,这时就需要展示自己的专业技能了。如何才能给幼儿排练出既好看又适合他们的舞蹈,以及如何组织幼儿去参与这一活动,从排练到演出的顺利进行,都是要靠积累和实践去解决的。

(收集者:龚迷)

17 整理的奥妙

一 典型案例

作为一名幼儿园新教师，常会遇到一个问题，那就是在向幼儿发出指令时，老师"喊破喉咙"，孩子却"充耳不闻"。

张老师在角色游戏结束时，面向全体幼儿发出整理指令："下面要开始收拾游戏材料了，请小朋友们快快收拾整理，让我们看看哪位小朋友是搬运小能手。"当张老师发出指令后，个别幼儿开始收拾整理，但动作很慢，边收拾边玩。大部分幼儿对于指令置若罔闻，仍在兴奋地玩游戏。5 分钟后，张老师发出第二次指令："阿姨的点心都准备好喽，没有整理好的小朋友要抓紧啦！"第二次指令发出 3 分钟后，幼儿收拾整理的速度依然不尽如人意，十分拖拉。张老师接着发出第三次指令："建筑工地的小朋友们已经整理好了，小舞台的演员们，你们的材料怎么还没有收好？XX，去帮帮小舞台的朋友们；XX，回到座位上，游戏结束了。"

二 原因分析

小班的孩子们年龄很小，多以自我为中心，常常出现不配合的情况，无法很好地听从教师的指令。且由于孩子们刚入园，规则意识不强，对于一些规则还不能很好地掌握。对于这种情况，作为新教师就应该先了解问题出现在哪里，从而对症下药，找出可以轻松提高孩子们整理游戏材料速度的方法。

三 教师解决方法

（一）逐个通知收拾速度慢的幼儿，避免高分贝

教师可以多来回走动，穿梭于各区角之间，监督幼儿整理材料。这种方法有一个小技巧：请收拾起来有困难的区域的幼儿们先收拾，教师也可以帮忙，并且告诉

幼儿们："大家一起帮忙，就会收拾得很快。"这个技巧会使孩子们不再对收拾游戏材料感到"厌烦"，还可以激发幼儿相互帮助的高级情感。当教师的策略起到作用，教师要全身而退，转攻下一个"目标"。

（二）及时表扬，"俘获"孩子的心

在幼儿整理收拾环节中，总会有收拾得快的幼儿，教师便可对这些幼儿进行及时的表扬。

比如，XX 已经坐到小椅子上了，真是整理小能手；XX 是第一名呢，真是太棒了，那我们一起等待，看看第二名会是哪个小朋友呢；XX 是第一个整理好的，明天你可以第一个去选择自己喜欢的游戏。

（三）固定方法，成为常规

一段熟悉的音乐、一句温馨的话语都可以成为游戏开始或结束的指令。班级常规的建立是需要持之以恒的，在游戏开始时，教师可以为幼儿播放一段熟悉的音乐，跟幼儿约定："小朋友们，当你们听到这首好听的歌曲时，就要开始整理自己的东西，把游戏材料放到原来的地方啦。"

四 反思与建议

带班教师使用了以上三种策略，幼儿们的整理速度有了一定的提升。这些策略在使用时要做到"有机结合"，不能长时间使用一种策略，以免失去效果。

希望实习教师可以多一些实践机会，多学习，并且在这个问题上要进行家园合作。家园合作是十分必要的，作为幼儿教师要多与家长沟通，树立共同的规则，使幼儿能更好地成长。小班幼儿由于身心发展规律的影响，动作较慢，且注意力易分散，所以做事情常常是不紧不慢的。对于这种现象，教师要有足够的耐心，要学会等待，不要一直去催促幼儿，以防幼儿产生紧张心理和挫败感。教师要采取一些积极有效的方法去改变这一现状。首先，要为幼儿树立榜样，教师在日常生活、游戏、教育过程中，时刻保持高效、平和的状态。其次，教师要为幼儿建立时间观念，教师可以与幼儿共同制定规则，让幼儿参与到规则的制定中，从而使幼儿愿意去执行"自己制定的规则"，教师可以为幼儿放一段音乐或是用沙漏来表示时间。再次，教师要让幼儿体会到磨蹭带来的后果，用消极强化的方式提高速度。最后，教师要用鼓励替代催促。

（收集者：何苏凝）

18 他山之石，可以攻玉

一 典型案例

宋老师作为新入职的年轻教师，在带班工作的最初几年时间里，所遇到的最大困难当属家园联系工作的开展。在刚工作时，宋老师是由搭班的师父带着学习管理班级的，在师父与家长交流沟通的时候，宋老师就站在后面虚心学习与家长和谐相处的技巧。经过几个月的熟悉和了解，宋老师在与家长沟通方面已经有了很大的进步，但还是觉得与各位家长有很大的距离感。在每天幼儿离园的时候，家长们总是会围在师父的身边问这问那，但几乎没有家长愿意和宋老师聊自己的孩子。他们更愿意花时间等待更有阅历的师父来回答，极不信任年轻教师的工作能力。

这一胶着状态的改变，发生在宋老师工作的第二年，当时宋老师正与另一名搭班的师父带中班的孩子。一天下午幼儿离园后，宋老师接到一名家长的电话，电话里家长质问老师为什么自己的孩子被幼儿园里的老师打了，老师却不告知家长，语气十分愤怒不满。原来幼儿回家后告诉自己的妈妈，幼儿园的老师打自己了。宋老师得知情况后立即安抚家长，随后给已经休息了的搭班老师打电话，询问白天的情况，又仔细询问了保育员有没有发生打孩子的事情，接着请家长第二天来幼儿园当面解决此事。

第二天，宋老师将家长和孩子请到办公室，随后让家长假意离开办公室，到外面听双方的对话。老师很自然平和地与孩子互动，逐渐过渡到昨天的事，问孩子昨天有没有被老师打，得到的答案是没有。接着，宋老师又和幼儿说到了妈妈，老师告诉幼儿昨天妈妈打电话来问，说你被老师打了。幼儿很诚实地告诉老师，其实自己跟妈妈说谎了，老师没有打人，是妈妈之前打自己了，很疼很疼。

这件事情的经过说到这里就很明确了，孩子说了实话“没有老师和小朋友打我，是妈妈打我了”，及时化解了家长与老师的矛盾，宋老师也帮助家长学到了怎么使用正确的方法教导孩子，一场风波被宋老师巧妙地平息了。

二 原因分析

事件起因是家长不够信任年轻的教师。孩子说自己被打了,家长毫不犹豫地选择相信孩子的话,没有去辨别孩子叙述的真实性,而是严厉地质问经验相对不足的年轻老师。家长在潜意识里还是不信任年轻教师。

三 教师解决方法

对于此类事件,不能拖延和淡化处理。宋老师请家长到场,公开透明地处理,并请涉及事件的每一位教师、幼儿都在场,采用有单面玻璃的观察室等类似教室进行访谈沟通。采用这个方法可以对每一名教师、幼儿进行逐一排查,公平公正地处理事情,避免含糊其词、拖拖拉拉,否则不但不能解决矛盾,反而会降低教师的可信度,让双方的矛盾积累得越来越多,尽快解决才是最正确的办法。

四 反思与建议

此次事件解决得十分及时。在处理事情的过程中,家长感受到了教师对孩子的爱并不比自己少,感受到教师对孩子的重视程度,看到了教师的工作能力,放下了对教师的担心与不信任。在今后的家园合作中,教师就渐渐能与家长建立良好的友谊与合作关系,双方互相配合,促进幼儿更好的成长。

建议年轻教师不要畏惧幼儿家长眼中的质疑,要勇于与各式家长交谈。家长对教师的不信任恰恰代表家长对孩子深深的爱,只要教师表现出对孩子的重视,细致地观察与记录幼儿的一日生活,与家长积极沟通,细心负责,总会感动家长,一切的困难都不是困难。

定期向家长反馈幼儿在园情况,让家长了解幼儿在幼儿园的成长与进步,也与家长配合,结合幼儿在家里的表现,给家长提出更合理的育儿方法,促进幼儿全方位的成长。

多反思,多观察细节,多听前辈的课。每次授课都可以录下来,过后在录像中找出自己的缺点,在下一次的教学过程中有意识地改进,如此循环往复,螺旋式提升自己的教学能力。在幼儿园多给周围的同事帮忙,从中习得其他同事优秀的教学经验,从各个方面潜移默化地充实和丰富自己。

(收集者:李粈　张芸婷)

19 新教师的规则建立与多思多做

一 典型案例

刘老师入职后面临的最大的难题，应该是如何有效地与幼儿沟通以及怎样能更有效地建立班级规则。比如在让幼儿养成良好的生活习惯上，刘老师发现部分幼儿没有按照规定步骤洗手，手洗得不干净。刘老师有空时会让幼儿重新去洗，而当自己在忙别的事时，就无法特别强调，没能连续一贯地严格要求。还有午睡前幼儿自己的衣物叠放整齐、饭后漱口等环节，也是如此。

二 原因分析

新教师在与幼儿的沟通过程中，一来选择不了合适的着力点，往往词不达意，避重就轻，沟通过程不是太过强硬就是不痛不痒，导致沟通效果不佳，规则无法顺利地制定和执行。二则对于自己指定的种种规则，往往不够坚持，导致幼儿不能明确坚定地执行。教师和幼儿都是教学不可或缺的部分，而良好的沟通是这两者之间的桥梁，新教师需要意识到沟通的重要性，通过良好的沟通制定规则。

三 教师解决方法

其实这种情况，在一定的时间后慢慢就会有所好转的。一旦建立了一个规则，就必须要去遵守它，要让幼儿明白，这个规则是不可打破的，然后再一步一步建立更多的规则，循序渐进，逐渐叠加。规则的建立可能是一个反复的过程，正强化也好，负强化也罢，这两个手段也一定是并施的，鼓励和批评也一定是相互结合的。鼓励和批评的方式可能不尽相同。有时候，一个动作，比如摸一下脑袋，就可以是鼓励；而有时，一个眼神也能达到批评的效果。

四 反思与建议

想要行之有效地管理幼儿，不仅要从规则出发，还要从幼儿出发，去了解他们的内心，去明白他们的需求，这就是刘老师所说的“形成正确的与幼儿沟通的方式”。而实现这种方式的过程，就是教师多思、多做的过程。

（收集者：向国荣）

20 处理在园末发现的幼儿受伤情况

一 典型案例

一日午饭时间，有两个幼儿在老师不注意时，因凳子的归属权问题进行了争吵和打架。老师在听到争吵声后第一时间将两个打架的幼儿拉开，并立刻检查了两个幼儿身体有没有受伤。因为受伤幼儿的伤口在额头，被头发遮盖了，老师并未及时发现。该老师帮助幼儿解决了纠纷，并将他们的座位调开了。当天晚上，受伤幼儿的家长给该带班老师发了微信，具体内容是他们家的孩子(阳阳)说自己的头部被一个孩子(强强)给划伤了，想了解一下情况。老师当晚在微信里安抚了家长的情绪，并解释了事情的经过。第二天，老师仔细检查了受伤幼儿的伤口并询问了具体情况。之后老师叫来了另一名幼儿也询问了相关的情况。了解始末后，老师首先对他俩做出了批评和教育。接着老师对双方的父母在微信上做出了解释，并提醒幼儿家长要及时剪掉孩子的手指甲。最后在放学的时候，老师分别对两位孩子的家长进一步做出了解释。

二 原因分析

该案例的幼儿就读的是蒙氏的幼托班。由于年龄问题，幼儿经常发生肢体的冲突以及各种磕磕碰碰的情况。鉴于部分幼儿的语言发展水平较低，在讲述具体情况的时候会忽略一些细节问题，更有一部分幼儿受了伤不愿意和教师讲述，而是回到家中后与父母提起，这很容易激化家长的情绪。

三 教师解决方法

1. 教师与保育员要相互合作。教师在教学期间，由于精力有限，保育员要帮助管理班级秩序。特别是户外活动期间，保育员和教师要分工合作，相互配合好，时刻关注所有幼儿的动向,尤其是那些性格比较活跃、喜欢与他人接触的幼儿,更是一刻都不能疏忽。

2. 教师在各种活动之前,要对幼儿反复强调活动的规则以及安全事项,必要时给予示范。

3. 在教学活动的时候,把好动的幼儿与喜静的幼儿放在一起,避免调皮的孩子扎堆,也可以带动安静的孩子参与活动。

4. 一旦发现打架的现象,教师要及时介入阻止,检查幼儿的受伤情况,并做出应急处理,情况严重时须及时送医。处理完毕后,教师要对双方幼儿的家长提前报备情况,解释事情的前因后果,使家长了解事件始末。

5. 离园前,教师在整理幼儿衣服的时候要仔细观察幼儿,注意是否有受伤情况或异样。

四 反思与建议

1. 技能以及专业知识是基础和前提,但学会如何与幼儿相处也是一件十分重要的事情。

2. 刚入园工作时,要时刻关注幼儿的安全问题,不能马虎大意。等进入稳定阶段后,再学习如何更有效率地教育幼儿。

3. 想要带好一个班级,与家长建立良好的关系也是十分重要的。平时要随时向家长汇报幼儿在园的情况,拍摄相关照片传到微信群或者 QQ 群中。注意,要包括所有幼儿,不可厚此薄彼。

4. 幼儿在园内一旦发生任何突发或意外情况,教师除了及时解决问题外,更要在幼儿离园前告知家长事情的具体情况,对家长的情绪也须进行一定的安抚。

5. 幼儿教师要学会因材施教,在日常生活中关注每一个幼儿,给予一定的指导。

(收集者:顾玉婷)

21 班级管理“小烦恼”

一 典型案例

刚刚参加工作时,A老师在班级秩序管理方面遇到了很大的难题。有一次在中班的早餐活动后,A老师向幼儿简单交代了随后要组织的户外早操活动,幼儿了解之后,A老师便组织他们有序地分组进行如厕、洗手、喝水等。看似轻松有序的活动过程,却在实施时遇到了不少麻烦。幼儿不听从A老师的引导,一股脑儿地全部涌向厕所和洗手池,有的幼儿开始在洗手池边打闹,洗过手的幼儿则无所事事地站在一边,不知自己下一步要做什么。一些更加调皮的幼儿则冲出洗手间,在教室中追逐打闹,A老师呵斥他们,他们却愈演愈烈,场面一片混乱,A老师却束手无策。

二 原因分析

1. 幼儿的好奇心重,总是喜欢探索新事物,不愿意听从教师的安排,他们捣乱的行为正是他们发泄情绪的表现。

2. 新教师刚刚参加工作,教育经验不足,缺乏管理意识,对于幼儿在班级中出现的各种问题很多情况下是在不了解的前提下做出的简单判断,班级系统管理意识淡薄。

3. 教师与班级其他教师和保育员之间缺少沟通,导致班级管理目标和策略不一致,对幼儿的管理方法不一致,造成班级管理混乱。

三 教师解决方法

1. 树立系统性的班级管理理念,对班级的人、事、物进行全面的管理,尊重幼儿的个体差异,做到因材施教。

2. 创设安全舒适的班级环境和愉快的班级氛围，拉近与幼儿的距离。

3. 建立积极有效的师幼互动，关注幼儿的情感与需求，注重实际情况。

4. 加强日常生活管理，培养幼儿良好的生活常规。班级规则的制定要建立在充分尊重幼儿的基础上，让幼儿学会自我管理。

四 反思与建议

首先，要热爱自己的工作，只有喜欢，才能积极主动且开心地工作，根据岗位职责认认真真地做好自己的本职工作。其次，幼儿教师和其他教师是有一定区别的，尊重幼儿、热爱幼儿是幼儿教师职业道德的核心，幼儿的理解能力和接受能力是有限的，很多事情需要反反复复、不厌其烦地教育。无论是在生活上还是在教学上，教师都要做到精益求精，既要平等地欣赏、对待每个孩子，也要为他们提供均等的发展机会，注重培养他们的良好习惯。只有做到了这些，才能称得上是一名合格的幼儿教师。

（收集者：丁雨）

22 做孩子最好的榜样

一 典型案例

带班老师在作为新教师刚参加工作时，遇到的最大的问题，就是开学初幼儿的入园焦虑以及分离焦虑。小班一位刚满三周岁的女孩，就是典型的严重哭闹型入园焦虑，她的母亲每天将她送入园内后，没有仪式性的告别，而是直接离开。母亲对此的解释是，幼儿在最初出现分离焦虑后，自己曾对她进行一些抚慰，例如抱一抱或者擦一擦眼泪，效果并不好，且家长认为由于入园焦虑，孩子哭闹是很正常的行为，过两个礼拜就会好，便停止了抚慰行为。

二 原因分析

幼儿初到一个陌生的环境中时会感到不适应，与熟悉的家人分别也会使他们缺乏安全感。不同的家庭教养方式也会影响幼儿的独立性，在家中被溺爱、各项事宜都被一手包办的孩子，相较于家长有培养过其独立能力、鼓励其探索和积极交友的幼儿而言，更难以适应入园。此外，生活规律和习惯的变化，包括作息习惯、饮食习惯等，以及幼儿自身的性格与经历，都是影响的因素。

三 教师解决方法

1. 转移孩子的注意力，与他们一起做游戏，或者让他们玩自己喜欢的玩具。如果此方法不行，也可尝试给幼儿讲故事。带班老师发现，故事对于幼儿而言有很强的代入感，他们可以通过听故事，把分离的伤感情绪慢慢淡化，逐渐融入幼儿园的一日生活。此外，游戏的效果是最好的，游戏的过程可以使幼儿不平衡的情绪得到发泄，教师便可有针对性地缓解他们的焦虑情绪。

2. 家长要在家中为幼儿建立“幼儿园是一个有趣的地方”的概念，让幼儿对幼儿园产生兴趣。在幼儿产生兴趣并认可了幼儿园之后，他们才更有可能接受这个新环境，并对老师产生信任感。

3. 让家长放松心态。教师可以通过家长会或者班级群，让家长了解到分离焦虑是正常现象，幼儿园会通过一日活动来慢慢调动幼儿的情绪，使他们融入幼儿园生活，而这需要一段时间来适应，因此家长也要有耐心。

4. 在小班幼儿刚入园期间，教师对生活方面的要求应尽可能少一些，教他们本领的进度慢一些，否则幼儿更容易产生焦虑和紧张的情绪。

5. 多反馈，教师可以将幼儿们融入集体、适应园内生活的状态反映在班级群内，一方面可以缓解家长的焦虑；另一方面，教师和家长可以通过口头表扬等方式强化幼儿的一些行为，让他们逐渐适应幼儿园生活。

6. 家长可以和幼儿约定一个时间，告诉他一到时间爸爸妈妈就会来接他，如果孩子因此而缓解了焦虑情绪，家长可以通过合适的奖励措施来强化孩子的行为。

四 反思与建议

1. 要对自己的专业有清晰和全面的认识，幼教绝不是简单的“带带孩子”，自己要明确知道这份工作所包含的内容、范畴、责任，要有能够担得起这份责任的心理准备。

2. 要多想、多问、多做、多听。发现问题要多想想原因，要勤于思考，才能使自己每天都进步。在工作中要多向老教师讨教经验，学习解决问题的方法，吸取经验的同时也要根据不同的情况做出正确的判断。此外，还要多看，多动手做一些环创，仅仅停留于“看”是不会得到更深入的体验的，多去感受实践过程中带来的收获。最后，多听老教师的课，多总结老教师在日常常规或者教学方面的经验，这会让新教师在遇到困难时少走弯路。

3. 与家长沟通时，要客观真诚，不迎合、不失原则地提供反馈，让家长了解老师做事的目的，客观地反映问题，让家长相信并且感受到老师是为了孩子好；利用专业性去解释问题，使自己更加具有说服力。

（收集者：吴雪）

23 小班教师有妙招

一 典型案例

1. 小班幼儿分离焦虑

小班刚开园时哭闹的情况比较多，新入职教师不知该用什么方法安抚。而此时家长可能比孩子更加焦虑，觉得孩子一个人不行，不愿意离开。

2. 幼儿受伤事件

一次，一位幼儿上课时自己没坐好，向后一仰，头上不小心摔了个口子。还有一次，一位幼儿不小心磕到了自己的嘴巴，非常严重，还去医院缝了针。新入职教师又比较依赖老教师，碰到问题不敢第一时间和家长说。

3. 常规的建立、一日活动的衔接

新入职教师在刚开始时对一日活动不是很熟悉，不能做到很好地衔接，比较迷茫，什么都需要老教师的指点。在进行集体活动时，上课的内容明明已经在脑海中排练好了，但临上场脑子却一片空白，过程中会遗漏环节。

二 原因分析

1. 幼儿刚离开父母时缺乏安全感，对新环境的不适应，对教师和新同学的陌生，会使得幼儿产生焦虑的心理。

2. 一个班的孩子有很多，教师应尽力将自己的注意力平等地分布在每个孩子的身上，但人的精力有限，教师无法每时每刻注意到每一个孩子的动向。

3. 新教师刚刚入职，对自己的工作没有很好地理解和把握，各方面都较为依赖老教师，自身实践的经验不足。

三 教师解决方法

1. 可以尝试抱着幼儿,像妈妈一样安抚他们。这可以转移幼儿的注意力,给他们讲故事、做游戏,或者将他们的注意力转移到玩具上,可以让幼儿从家里带一样熟悉的玩具、书或物件来园,让他们有家的感觉。此外,也可以两个老师之间进行协调分配,带着孩子们散步,缓和情绪。也可以尝试带着几个孩子,安排其他孩子进行活动,抓住孩子的注意力,让家长放手,赢得家长对老师专业上的信任,告诉家长在家里应如何对孩子进行生活和心理上的疏导。

2. 遇到幼儿在园受伤事件,老师要做到第一时间告诉家长,同时向学校汇报。一定要把实际情况和家长说清,不得有任何隐瞒。把姿态放低,注意安抚家长的情绪。

3. 小班幼儿的自我控制能力有限,在日常活动中应适当放慢节奏,制定好一个规则,之后进行长期实施。如听一首固定的音乐,老师编排固定的动作指令,给予他们指示。坚持一种方法,要求必须符合这个年龄段能达到的标准,面对所有孩子有一个中性的标准,使幼儿得到良好的发展。在进行游戏活动时,在游戏前说好要求,分配好角色,让孩子根据教师的要求去做,在游戏的最后放音乐要求幼儿收拾玩具。

四 反思与建议

1. 幼儿教师要具备扎实的理论知识基础,并经常进行自我经验的总结。幼儿发展心理学、幼儿急救是重要但又常被忽略的部分,要掌握3—6岁儿童年龄发展的指标。

2. 带班之后要做好常规工作,抓好常规会给日后的带班带来很大的便利,也能从侧面反映出新教师的带班能力。

3. 要具备设计活动的能力,能够围绕主题自己设计活动,活动要考虑到幼儿年龄的目标,把握好课程难易程度、孩子是否感兴趣等。活动设计过程中肯定存在许多问题,要不断完善使之成熟。

(收集者:毛文懿)

24 坦然面对“棘手”的家长

一 典型案例

在G老师所任教的幼儿园里，为了保证家长有问题时可以随时联系到教师，教师们都有着手机24小时不关机的习惯。尤其是在新学期伊始，那段时间，每到下班后，G老师的手机经常由于跟家长沟通而处于发热状态。虽然付出很艰辛，但是只要获得家长的认可，老师们都还是很欣慰的，觉得付出是值得的。但即便如此，在沟通的过程中总还会有一些不顺利，甚至有无理取闹的家长，让人倍感头痛。

一次，一位孩子的家长在早上入园时，气势汹汹地带着孩子来找G老师，说孩子的手上有块淤青，责备老师照看不当导致孩子在园受伤。G老师当时有些不解，心想如果孩子是在园内受伤的，肯定会哭闹，自己怎么会不知道呢？G老师询问孩子是怎么受伤的，孩子没能给出答案。G老师又问他是在哪里受伤的，他也支支吾吾说不清楚。G老师当时着急安抚家长，将姿态放得很低，于是家长便步步紧逼，提出要找园长。

二 原因分析

首先，当家长来势汹汹兴师问罪时，G老师明显有些头脑发蒙，没能在第一时间做出正确的反应与决策。其次，在沟通的过程中，由于G老师急于安抚好家长的情绪，而将自己的姿态放得很低，因此给家长一种软弱可欺的印象，导致家长得寸进尺，想要将事情越闹越大。

三 教师解决方法

G老师带着孩子和家长去了园长办公室，园长表示一定会调查清楚这件事情，并且在言语间表现出了坚决的态度，提出可以调取监控，也可以咨询医务人员来确定孩子到底是不是在园内受的伤。家长听到监控时明显有些心虚，后来通过调查，了解到孩子原来不是在园内受的伤，而是家长带幼儿离园后在公园玩耍时不小心受的伤，当时家长看不明显没在意，第二天早上发现有了淤青，就带着孩子来园兴师问罪。

对于这件事，G 老师态度诚恳，但绝不毫无原则地妥协，在园长的协助下，与家长理性沟通，并且引导幼儿诚实地回忆了事情的发生经过，最终还原了事件的真相，妥善地处理好了问题。

四 反思与建议

在学前教育的工作中，家园合作是重中之重。幼儿教师与家长沟通一定要认真、细心，做到事无巨细。在学校学习的专业知识固然很重要，但更重要的是教师在现实教学环境中，对各种问题的应变能力、班级管理能力、引导幼儿发展的能力。虽然要尊重幼儿和家长，但是老师也要维护自己的权益，要学会有理有据地沟通，形成良性的教育生态环境。

（收集者：周艳红）

小学教育篇

01 “转校生”的疑惑

一 典型案例

A 同学比同班同学小一岁，是一名转校生，他在班级中朋友很少，常常会有同学因为他年纪小而欺负他。他有些自卑，自控力又比较差，上课不爱听讲，总喜欢动来动去，和其他同学讲话，有时甚至会扰乱课堂秩序，影响正常的教学进程。为了博取老师的关注，他总喜欢打小报告，但老师却似乎并没有因此而给予他更多的关注。

由于 A 同学某节课上多次扰乱课堂秩序，班主任与其家长协商后，决定让孩子在家反省一天。

二 原因分析

1. 该生是转校生，一开始没有处理好与同学们的关系。
2. 该生上学比同龄孩子早一年，身心发展还没有成熟，自控能力较差。
3. 教师没有给予足够的关注，进一步加重了学生的自卑心理。
4. 家长没能和孩子及时沟通，对孩子的内心情感变化的关注较少。

三 教师解决方法

A 同学在家反省一天后回校时，教师要给予其更多的关爱。经常与家长沟通、与 A 同学交流，让他明白上课时应该遵守课堂纪律，要学会控制自己的行为，同时，也要让其明白扰乱课堂秩序是要接受相应的处罚的，是要付出代价的。

四 反思与建议

1. 关爱学生是教师这个行业的基本要求之一，教师首先要有一颗关爱学生的心,才能了解学生,从而得到更多的尊重和喜爱。

2. 坚守信仰,坚持教书育人的初衷,不忘初心,才能成为更好的自己。

3. 多读书,多思考,做到终生学习,这样才能使课堂丰富起来。

4. 修炼内心,使自己“雅”起来。小学阶段的学生,特别爱以教师为榜样。所以,教师要时刻注意自己的言谈举止,要与学生友好相处,传递乐观向上、严谨笃学的正能量。

（收集者:张佟乐）

02 城市中的“留守儿童”

一 典型案例

班上有个学生小崔,他在班级中成绩不是很理想,上课有很多小动作,喜欢啃指甲,卫生习惯极差;下课追逐打闹,喜欢动手动脚;作业相当潦草,本子总是脏兮兮的。因此,班里的同学都不是很喜欢他。为了提升他对学习的兴趣,班主任特地找他谈话,希望他能遵守学校的各项规章制度,在行为习惯方面能够有所改进。开始他总是一副似懂非懂的样子,嘴上很快答应,可行为上却还是一如既往,毫无长进。班主任开始认真地思考对策,希望通过一定的努力,借助家校合作,来帮助小崔同学改掉陋习,激发他的学习兴趣。

二 原因分析

班主任对于小崔的家庭状况、学习环境、交友情况,进行了深入的了解与调查。小崔的家庭是单亲家庭,他与妈妈一起生活,现在的学习主要是由妈妈负责;在妈妈没空的时候,就由奶奶来看护,奶奶表示对于他的教育,感到力不从心。因此,小崔很多时候都只能靠自学,但是他的自控力又不好,是需要家长盯着才能完成作业的学生。没有家长的监督,他就不想做作业。因此,如何纠正该生的不良习惯,提高其上课的注意力,是班主任需要解决的问题。

三 教师解决方法

1. 通过与各科老师的交流,班主任对小崔同学在学习习惯、课堂纪律、行为规范等方面进行了汇总,并做了详细的分析。老师们反映的主要问题是:上课不认真听讲,小动作特别多,喜欢东抓西挠。老师们协商下来得出的解决方法是:要求他在上课时,除了书本和学习用品,其他东西全部收到抽屉里,两手放在老师能看到的地方，通过老师的外力来帮助他改正陋习。

2. 家校合作，及时与小崔同学的家长取得联系，就其一贯表现和家长进行交流，引导家长在他做作业的时候多看护，防止其开小差。对其所学知识，可以提问抽背，让他学习有紧迫感，对于好与不好的表现，给予奖励与惩罚。

3. 师生交流，时常与小崔同学聊天，了解他的近况，看看是否需要帮助，对于上课没有听懂或有疑问的地方，鼓励他进行提问。

4. 生生互助，小崔同学在班级中有一些较好的朋友，在他不能按时完成任务的时候，可以让他的好朋友来监督他完成。

现在，小崔同学已有明显的进步，大部分的上课时间都能够集中注意力。家庭作业也能及时完成，只是在正确率和整洁方面，还有待提高。

四 反思与建议

（一）学生的习惯养成，要持之以恒，有始有终

学生在很多方面，都是以教师为榜样。因此，要培养学生的良好习惯，教师要做到严于律己，对于一些行为习惯极差的学生，教师应在必要时采取强制的手段，在日积月累中纠正学生的坏习惯，长此以往，必有进步。

（二）班主任要平等对待学生

班主任对每位学生都要平等对待，尤其要平等地对待学困生，让他们觉得老师对每位学生都是公平的。同时班主任要有一颗爱心，用爱浇灌心灵之花，用爱激发他们的上进动力，让他们努力学习，展示自我。

（三）生生互助，友情感化

同学的力量，有时候胜过老师的力量。所以，同学之间的帮助，是必不可少的。老师的批评有时太过严肃，学生难以接受。因此，老师让小崔同学的好朋友来帮助他纠正不良习惯，按时完成作业，让他在愉快的环境中学习。同学的互助感染，既促进了他们之间的情感交流，又能达到事半功倍的效果。

（收集者：冯瑗玲）

03 踏遍心田每一角,踏透心灵每一寸

一 典型案例

甲同学比较调皮,上课不注意听讲,经常与同学交头接耳,影响其他同学听讲;爱搞小动作,爱打架,排队的时候总是喜欢与其他同学追逐打闹,惹得周围的同学很反感。平时其他任课老师也常常向班主任反映他不安分的情况。与该同学父母交流后,得知他小时候非常聪明、活泼,但其父母过分溺爱,使得孩子贪玩,自由散漫,以自我为中心,不在乎周围同学的感受。经过对甲同学的观察与分析,老师决定借助学校、家庭等多方面力量帮助其改掉陋习,树立学习的信心以及养成良好的行为习惯。

二 原因分析

甲同学家长重养轻教,只注重满足孩子的物质需要,而忽视对他适应社会的品德培养,以致他错失从小养成良好行为的时机;溺爱娇惯,造成孩子独立性差,性格胆小、退缩,或以自我为中心,好强任性;忽视放纵,导致孩子懒惰、任性。

三 教师解决方法

(一) 教师在课堂中运用暗示法

课堂上,引导学生的注意力迅速回归到课堂教学中,用目光注视开小差的学生,提示他集中注意力;或者运用提问法,对于开小差的学生及时请他回答问题,使其快速集中注意力;也可以用动态管理法,教师在授课时,走到学生当中,对于不注意听讲的学生,提醒他注意听讲。

(二) 生生互助

通过鼓励组内优秀生的方法,来帮助学困生。教师与学生的接触时间总是比

学生们在一起的时间短,让优秀生在平时的学习中多帮助这些学生。同时可以通过这些同学了解学困生的各种情况。

(三)关心、爱护后进生

作为老师,尊重他们,尽可能地去发现他们的闪光点。爱他们,爱是具体的,渗透在对学生的一言一行中,慢慢地去感动、感化学生。用发展的眼光来看待学生:后进生的今天比他的昨天更好,即使不然,也应相信他的明天会比今天好。虽然他们有缺点,但他们同样懂得爱,而且更需要爱。

四 反思与建议

通过多方面的辅导和帮助,甲同学在学习习惯和行为习惯方面有了显著的改善与提高。可归结为以下几个方面:首先,在课堂中甲同学交头接耳的行为有所减少。其次,在家里父母对其管教方式也发生了改变,甲同学逐渐明白了“不以规矩,不能成方圆”的道理。最后,甲同学在尊师重道方面也有改善,与同学之间相处也更和谐了。

对于新教师有以下几点建议:第一,对学生要耐心、细心,有责任心,用发展的眼光看待学生;第二,课堂教学中采用教学机智帮助学生养成良好的习惯;第三,与家长保持良好的沟通,及时向家长反馈学生的在校情况,也要充分了解学生的在家情况,帮助学生学习。

(收集者:杜梦真)

04 共创美好家园

一 典型案例

王老师刚接手一年级的时候，最让她头疼的是班级的卫生问题。那个时候，似乎每天都上演着同样的情景：走进教室，孩子们都愉快地做着自己的事，看见王老师进来，学生三三两两地窃窃私语。环视四周，教室刚排好的桌椅又乱了，地上也有星星点点的小纸片儿，虽然日常也对学生讲过，让大家一齐动手，把我们的“家”装扮得整洁、美丽，但效果却不尽如人意。于是，王老师自己一边说，一边快速地整理桌椅、拾捡纸片。几分钟后，教室的面貌有了改变，久而久之，打扫班级卫生就成了老师一个人的工作。

二 原因分析

1. 孩子自身原因。孩子的自理能力有限，尚未养成打扫的习惯。

2. 家庭因素。很多小朋友是家里的小皇帝、小公主，在家里备受疼爱，忽视劳动教育。

3. 班主任教育(这也是主要因素)。俗语说：勤快的妈妈有个懒孩子。细细回想，这话不假。同样地，作为老师，如果总是身体力行“包揽一切”，无形中不也同样会培养出一批懒散的学生吗？没有必要的磨炼，孩子们将来又如何独立生活呢？

三 教师解决方法

王老师制订了相关的培养计划：

1. 评选清洁小明星。为了激励和约束学生，把全班同学分成5个小队，以小队为单位进行比赛，每个小队每周推选一名卫生做得最好的同学，从课前准备到课桌的整理，从物品摆放到地面清洁，看哪个同学做得最好，就在展板上加星，并授予其“清洁小明星”的称号。

2. 设立卫生监督员。在每个同学保持好自己周围的环境卫生的同时,设立小组卫生监督员,每节课结束后主动检查小组内成员的环境卫生,这不但起监督作用,更是激励孩子们奋发向上,努力做好自己的卫生管理工作。

3. 家校同步,实行“我是爱劳动的好孩子”家庭教育计划。及时和家长沟通,实行家校同步,在家里开展“我是爱劳动的好孩子”活动,凡是能够主动帮助家人做事的同学,请家长也及时反馈,月底比比看,谁是最爱劳动的好孩子。

一个月下来,孩子们的自觉性增强了,桌椅摆放整齐了,地上也干净了许多。

四 反思与建议

职前师范生培养作为教师专业发展的预备期,关键要培养师范生作为一名教育者的思维习惯,主要有以下几点建议:

1. 要学会自我反思,提倡反思式实践。师范生见习、实习不光是为了积累经验,更应该学会在实践中思考。每节课后要反思自己在教学中的优缺点,寻找突破口加以改进。

2. 要学会自主学习。教师这一职业的性质,要求我们及时更新自己的知识库,不断学习。可以通过阅读性学习、远程教育、教育观摩等多种形式丰富自己的学识储备。

3. 要关注教育改革动态,对课改进行再研析。自身学到的教育理论与现在的最新教育成果有距离,所以平时要多关注教育类新闻,了解行业改革动态。

(收集者:陈诗旖)

05 毕业班那点儿事

一 典型案例

丁老师在刚参加工作时接手了一个毕生班,因为丁老师是新教师,与所在的班级的学生没有任何感情基础,而原来的班主任刘老师因为工作调离而中断了班主任工作,所以丁老师刚接手就遭遇了学生的各种排斥和敌对。教室后面的黑板报上写的是很醒目的几个大字:"刘老师,我们想您。"上课时,学生面对丁老师是满脸满眼的不屑,更有甚者,他们竟然联名罢课。但是,经过丁老师的努力,一个月的时间,奇迹发生了,学生们对丁老师的爱与日俱增,到毕业时,痛哭流涕,难舍难分。

二 原因分析

学生对老师的敌对原因很简单:生疏,彼此不了解;另外,学生们很重感情,舍不得原来的班主任。

三 教师解决方法

黑板上的大字"刘老师,我们想您",丁老师一直没擦掉。他对学生说:"能教到你们这样重感情的学生很难得,也是我的幸运,与其你们自己想刘老师,不如我们一起想,我陪你们想,遇到因想刘老师而解决不了的难题我帮你们解决。"慢慢地,学生对丁老师的敌意消失了,随之而来的是对丁老师的敬佩。

四 反思与建议

1. 没有爱就没有教育。"老吾老以及人之老,幼吾幼以及人之幼",只有发自内心的爱，才会在自己的教学生涯中演绎一段段的精彩。

2. 不断充实自己，与时俱进。“给学生一碗水，我们不做一桶水，要做细水长流的泉水”，对于每一课的教学，要多听，多看，更重要的是多悟，只有“悟”了，才会把书本和别人的东西变为自己的东西。

3. 对于教育教学中出现的突发事件，一定要冷静地面对处理，千万不能冲动，体罚和变相的体罚是绝对不可以出现的，注重自己的教学安全和学生的人身安全。

4. 多赏识自己的学生，赏识和信任会创造奇迹！

（收集者：郑奥文）

06 独生子小浩

一 典型案例

小浩是家中独子,家庭条件优越,父母对其较为宠溺。在学校里,小浩很容易与其他同学发生冲突,常常与同学推推攘攘,也曾多次将同学打哭。做广播操,踢腿动作误伤其他同学,却常常不能认识到自身错误。中午吃饭爱挑食,碰到不爱吃的,就假装呕吐、头痛。此外,小浩还极爱面子,爱打小报告,与同学关系紧张。

经过老师多次观察分析,小浩的本性并不坏,但调皮捣蛋,经常不讲道理,任谁劝说都不愿理睬。成绩中等偏下,语文单元测试总是在60～70分徘徊,数学则在60分以下。虽然他能够及时完成家庭作业,但质量不高。

二 原因分析

1. 小浩是家中独子,且家庭优越,条件好,父母宠爱。
2. 以自我为中心,不会与同学相处,不愿意承担责任。

三 教师解决方法

老师本身文化底蕴深厚,是青年书法家协会会员,写得一手好字,深受学生敬佩。除此之外,老师的坐位体前屈成绩也十分优秀,在各方面都让学生从心底里佩服。针对小浩也非常敬佩老师,能够更好地听取老师的意见,老师采取了以下几个办法:

1. 老师让小浩做小组长,前提是自己的作业必须保质保量完成。通过这种激励的方法,帮助小浩进步。

2. 让小浩每天主动夸奖十个人,发现同学的优点。帮助小浩更加全面地认识同学,发现他们身上的闪光点。

3. 加强体育锻炼,全班每天跑步,老师陪同,小浩不得比老师慢。这一做法一方面使小浩的身体得到了锻炼;另一方面,消耗了其多余的体力,让他能够少一些打闹。

4. 不使用强硬措施,先让小浩自我反省,再好好谈话。以学生为主体,帮助其认识到自身的错误。

四 反思与建议

做了小组长的小浩,对自身有了比较严格的要求,不仅能够按时完成作业,而且正确率也有了提高。小浩试着每天夸奖同学,与同学之间的关系也更融洽了。同学开始信任小浩,偶尔也会站在小浩的立场进行思考,同学之间矛盾减少。更为可喜的是:在体育素质测试中小浩取得了优秀成绩,不管是仰卧起坐,还是坐位体前屈,均以高分通过。小浩曾说,他要向老师看齐,不可以比老师差。

(收集者:孙佳超)

07 入学年龄带来的问题

一 典型案例

新教师赵老师所带班级为一年级,班里有个名叫小A的女学生,曾多次表示不想上学,想回家,上课会常常无故哭闹,下课也不喜欢跟同学们玩,一直跟着赵老师。赵老师多次教育无果,向其家长反馈情况,家长也说没办法,多次跟小A讲道理,小A刚开始答应会认真上课,但一来学校就恢复原样,以至于班里没有一个学生喜欢小A,也都不愿意与小A交朋友。任课老师也多次反映小A的成绩差。(小A是班上年纪最小的,家里的独生女,身体和心理状况正常。)

二 原因分析

1. 年龄太小,还不能适应小学生的学习状态。并且又是独生子女,在家中过于受宠,独立能力差。

2. 教师的教育态度过于顺从学生的想法,导致学生无法在较短的时间内完成从幼儿园到小学的过渡。

3. 家长还不够重视孩子的问题,教师与家长之间缺乏沟通与交流。

三 教师解决方法

1. 教师多与该生家长沟通,严肃认真地指出孩子的问题,共同商讨解决问题的方法。

2. 班主任与任课老师要及时交流该生的学习情况,找出适合有效的教育方法。同时也可以向有经验的老师寻求帮助,学习他们的教育方式。

3. 找一个班级里比较受同学欢迎又乐于助人的学生与小A做同桌,鼓励小A与他人交朋友。

4. 经常与小 A 沟通交流，了解小 A 的想法，对小 A 在学习上的点滴进步给予肯定与鼓励。

5. 多组织班级活动，鼓励小 A 参与，让小 A 融入集体，增强班级的归属感。

四 反思与建议

1. 教师可多参加教育实践活动，丰富自己的教学经验。坚持学习，不断丰富充实自己，从而不断进步。

2. 正确看待教师这份工作，真心热爱这项事业。热爱每一个孩子，对于班内年龄较小，较为调皮捣蛋的孩子给予更多的关心与帮助，真诚地与他们做朋友，让他们敞开心扉，信任教师。

（收集者：吕玥）

08 特殊学生的管理

一 典型案例

叶老师刚参与工作时就带了一年级某班，班里有个特殊的孩子。那时刚刚开学，班里正在举行感恩仪式，新生的爸爸妈妈都在现场，叶老师在班级里教学生写贺卡，送给爸爸妈妈。叶老师看见小军写了“我希望爸爸妈妈能和好”，经了解才知道小军父母离异。小军在班级里有些不合群，比如他会拿着剪刀剪别的小朋友的书包带。在叶老师批评教育后，他有些抵触情绪。放学后，别的小朋友都回家了，他一个人躲在垃圾桶里，谁也找不到。叶老师还发现小军偶尔会拿教室里的东西，有一次别的小朋友的手表不见了，老师怀疑他拿了，小军说：“我没有拿，不信的话可以搜我的书包。”在老师的引导下，他拿出了手表，原来他把手表放在了他书桌抽屉里。叶老师请家长到校，小军的爸爸妈妈却在办公室吵了起来……

二 原因分析

1. 教师管理学生，处理班级问题的经验不够丰富，缺少家校联系沟通的经验。

2. 教师反思自己当时工作不够主动，没有让学生感受到教师的魅力，从而配合教师工作。

三 教师解决方法

1. 加强学习，提高自身素质。多向老教师讨教经验，多反思自己的教学和管理。

2. 积极与家长沟通，做好准备工作，与家长保持密切联系，商讨合适的措施来教育孩子。教师、家长形成教育合力，以取得更好的效果。

3. 对小军给予更多关注,给他布置一定的班级工作任务,增加与同学接触的机会,促进良好的同学关系。

4. 深入工作,主动工作,以学生为主。多关心学生,多与学生谈心,用自己的人格魅力打动学生,使学生愿意与教师谈心。

四 反思与建议

1. 努力学习,不断提高自己的理论水平;在教学中做到针对性地实施运用,使教育教学质量得到有效的提高。

2. 认真备好每一节课,不能光依赖于教学参考资料,还要了解学生以及学生的学情;备教法,学习适宜的教学策略和教学方法。在教学过程中,必须关注学生的课堂生成,我们的课堂必须是以学生为主体的课堂,是学生的课堂。

3. 学习如何管理好班级是班主任工作的重要内容,一个良好的班集体,和谐融洽,人人都追求上进,有强大的学习动力。作为一名老师,管理好班集体,不仅可以提高课堂效率,还可以提升师生之间的关系,帮助学生养成良好的学习习惯和生活习惯。

09 爱的教育

一 典型案例

班里有个男孩小B,父母离异,小B跟着父亲一起生活。由于父亲工作忙,对儿子疏于关心和教育,小B的学情十分糟糕:逃学、不完成作业、上课扰乱班级秩序……中午午休时,其父亲也不来学校接孩子,小B经常在校园里乱逛或是去校园周边玩耍,午饭也是在小卖部解决。有一次父亲竟然忘记给小B午饭钱,午餐没有吃任何东西的孩子在操场闲逛了一个中午。班主任吴老师曾多次与其父母沟通,父亲表示工作忙,无暇顾及;爷爷奶奶年纪大身体不好,无法照看;母亲则表示再婚后无法再照看孩子,只能偶尔来探望。

二 原因分析

1. 家庭因素:这是一个重要的因素,父母离异对孩子造成很大的打击,学生开始出现厌学状态,父亲太过忙碌,无法顾及孩子的学习、生活,让孩子的家庭教育缺失。

2. 外在因素:由于吴老师刚接手这个班级,对这个学生了解不深,与学生谈话时,孩子常常沉默不语,表现出不愿沟通的状态。

三 教师解决方法

1. 吴老师与小B的父母多次沟通,小B的父亲表示会挤时间多与孩子交流,监督孩子完成作业,多陪伴孩子的成长。

2. 吴老师找到孩子以前的班主任了解情况,寻求帮助,请教如何与孩子进行沟通、谈话。

3. 吴老师在教师食堂为小B办理了就餐卡,让他吃完饭回办公室或教室进行休息和学习。这样不仅解决了孩子的午餐问题,而且可以保障学生午休时间的安全。

4. 吴老师给小 B 分配了一个图书管理员职务,让他积极融入班级,找到归属感。

5. 放学后吴老师经常给小 B 免费补课,让他的学习成绩一点点进步,并监督他养成良好的学习习惯。

四 反思与建议

1. 因人而异,因材施教;遇到困难要寻根问底,找出源头;多向其他教师请教,争取走入学生内心深处。

2. 尊重学生,多站在学生的角度思考问题,爱每一个孩子,身体力行地为孩子考虑,给予比较特殊的孩子更多的关爱。陪伴他们成长,让他们感受到集体的温暖。

10 友谊的小船因打闹而翻

一 典型案例

课间活动时，两个二年级男生相互打闹玩耍，在此过程中，其中一个男孩下手有些重，没有注意，打到了另一个男孩的腹部，随后打人的男孩和其他同学继续玩耍，被打的男孩向老师哭诉，两个学生的矛盾因此产生。

二 原因分析

二年级的男孩，性格活泼好动，耐不住性子。他们刚刚从一年级步入二年级，才初步建立规则意识，但是只停留在表面的遵守，没有进行深层次的认识。学生还没有完全养成良好的自我控制能力，因此在两个人玩耍时，没有认真考虑该做什么，不该做什么。如何解决学生间的问题，这就涉及教育学中的教育机智，合理做出解释。

三 教师解决方法

首先把两个学生叫到一起，让双方说出事情的经过，弄清他们的矛盾所在；然后让他们分别反思自己哪里没有做好，向对方诚恳地道歉。

四 反思与建议

在解决学生间的问题时，需要注意以下几点：

1. 学生之间出现矛盾、纠纷，应弄明白事情的原因，判断谁是谁非，指出正确的做法，为学生树立正确的价值观。

2. 教师善用教育机智,合理解决问题,在不伤害学生心理、自尊心的前提下,教育学生学会分辨是非对错。

3. 如果问题发生在课堂上,先维护好课堂秩序,正常上课,下课后再解决问题,不可以影响其他学生听课。

4. 关心学生心理健康,及时进行心理辅导,鼓励安慰学生,使学生心理变得强大。

11 抓住教育契机，转变后进生

一 典型案例

学生小 A 脾气暴躁，经常与同学打架；做课堂作业时动作很慢，思想很不集中；回家经常不做作业，即使完成，也不做完整，书写相当潦草……每天不是各科老师就是其他学生向班主任李老师告状。李老师也找他谈过话，希望他能遵守学校的各项规章制度，按时完成作业，知错就改，争取做一个他人喜欢、父母喜欢、老师喜欢的好孩子。他刚开始是一副爱理不理的样子，后来口头上答应了，但行动却一如既往。李老师暗下决心：不转化你，誓不罢休。

有一次在课堂上，见不爱学习的小 A 很难得地高高举起了小手，李老师立刻请他作答，当时他有点紧张，回答时结结巴巴的，结果班上另一个同学小 B 当场笑出声来。只听小 A 气势汹汹地冲小 B 吼道："笑什么笑！"小 B 顿时止住了笑，可小 A 并未就此罢休，他把手中的课本往地上一摔，径直走向教室门口，摔门而出。见此情景，全班同学都愣住了。

当时李老师迅速做出判断。首先，要保证学生们正常上课；其次，为了确保小 A 的安全，要立刻把小 A 找回来。于是李老师立刻追出门外，叫住小 A，因为现在是上课时间，如果因为他的缘故而耽误了其他同学的学习，会使原本就不融洽的同学关系进一步恶化。也许是担心成为全班同学的"公敌"，小 A 默默地跟老师回到了教室。在接下来的教学过程中，李老师发现小 A 虽然人在课堂，却始终没有冷静下来，一会儿踢桌子，一会儿撕练习本。为了保证其他同学的正常学习，老师引导其他学生继续集中精神上课，对小 A 采取了冷处理的方式。

二 原因分析

家庭教育的不当、自身性格特点、学校个性化教育不够完善等原因，使小 A 成了后进生。有鉴于此，老师认为可以从对小 A 本人的引导、加强学校和家庭的及时配合、对全班同学引导三方面着手，对小 A 进行帮助。

三 教师解决方法

下课了,李老师发现小 A 仍有情绪,就先把小 B 找来,对他进行了批评教育,小 B 也表示已认识到自己的错误并愿意向小 A 道歉。又过了几节课,当李老师发现小 A 已冷静下来之后,便找他谈心。小 A 一进办公室便低头看着地板,李老师知道他已做好被批评的准备,而且打算一如既往地“屡教不改”。于是李老师决定换一种方式:李老师拉住小 A 的双手,告诉他老师遇到类似的情况也会和他一样不高兴、很生气,对小 A 刚才的生气表示理解。听到这样的话,小 A 的眼神亮了起来,他抬起头注视着李老师,一脸委屈地向老师吐苦水。这时李老师知道,已经取得了小 A 对自己的一份信任,拉近了两人之间的距离。

于是李老师认真做起了“倾听者”,时不时点头表示赞同。接着李老师以“知心人”的身份与小 A 一同分析课堂上的做法,让小 A 知道他生气时的甩门而去、踢课桌、撕本子等的行为对自己、对同学、对老师的影响,这样的生气“不合算”,同时告诉他“合算”的、老师认同的做法。尤其提醒小 A 可以生气,但不要做伤害自己身体、扰乱课堂的行为。见小 A 听得认真,并认同老师的分析,李老师再以老师的身份告诉他发脾气的做法老师很不喜欢,学校的校规不允许,同时告诉他,老师相信他以后如果再遇到类似的情况一定会采取“合算”的、大家喜欢的解决办法来处理问题的。小 A 真诚地点头向李老师保证。然后回归事件本身,在谈话中鼓励小 A 宽容大度,原谅小 B 的错误,并适时让小 B 当面道歉,使小 A 的宽容落实在行动上。在化解了小 A 与小 B 的矛盾之后,在全班进行了教育,表扬了小 A 的举手发言、热爱学习以及宽容大度,也表扬了小 B 的知错就改。

四 反思与建议

在这件事中,李老师冷静思考,迅速反应,在保证课堂教学的前提下,以冷处理的方式给予小 A 冷静下来的时间,然后另寻时机与他进行谈心交流。对于此事,尽管老师也很生气,并知道该事件对班级学生有着很大的负面影响,但为了更好地教育小 A,李老师先安定自身情绪,以温和的口吻、真心的情感,在谈话中让小 A 认识自身行为的不正确,与其讨论正确的做法,调动小 A 的情绪,让他原谅小 B,并保证下不为例。之后,再对班级学生进行引导。

另外,家庭教育对小 A 的问题行为也起到了极其重要的作用,因此放学后李老师向小 A 家长反馈了事情的经过。在反馈过程中不以“告状”的口吻而是以朋友的角度表示自己对小 A 的担忧,消除家长对老师的警戒心理,并努力争取小 A 家长就此事对孩子稍加教育,获取家长对老师工作的支持,相信小 A 一定会有所改变。

转变后进生并非一朝一夕就能实现的。鲁迅先生曾说过这样一句名言:“教育是植根于爱的。”爱是教育的源泉,教师的爱心是成功教育的原动力。尊重,是教育的源泉,教书的爱心是成功必不可少的条件,对后进生更要讲究爱的情感、爱的行为和爱的艺术。爱学生,就必须善于走进学生的世界,就必须把自己当作学生的朋友,去感受他们的喜怒哀乐。有时候一个关爱的眼神、一句信任的鼓励,都能赢得问题学生的爱戴和信赖。在这漫长的教育之路上,我们始终要满怀信心、爱心、耐心,抓住每个教育契机,认真努力、妥善地把握它,后进生的进步一定不只是梦想。

12 教之宽　育之容

一 典型案例

刘同学是班上的一位小男生，他很少说话，不喜欢与人交往，不敢与人接近。在学校，任何人和他说话，他都不予理会，好像永远生活在自己的世界里。他上课总是坐不住，很多时候，老师在黑板上写字或是让全班同学自由朗读课文的时候，一转眼就发现刘同学已经不在自己的座位上了，再仔细一看，刘同学已经钻到桌子下面或是蹲在教室最后一排玩起来，完全游离于课堂之外。经常听到刘同学的同班同学向老师告他的状，“刘同学又在吃东西了”“刘同学又去玩玩具了”“刘同学又钻到桌子下面了”……老师们都拿他没办法，问他为什么这样，他也不回答，总是沉浸于自己的小世界里。

二 原因分析

个人原因：刘同学性格孤僻，不愿与人交往，我行我素，总是一个人玩耍，上课很少听老师讲课，作业基本无法按时完成，需要老师多次提醒，他才会动一下笔；由于他的这种个性，同学们也不愿意和他交往，还总是到老师这里来告他的状。因此，他的性格更加孤僻，更不愿与人交往和沟通。

家庭原因：刘同学的父母常年务工，没时间照顾孩子，刘同学一直由爷爷照顾。因此，在学习上没有人给刘同学提供有利的辅导；每当他不听话或调皮时，爸爸还会对他拳打脚踢；在未能达到父母的期望时，过重的压力便会使孩子产生自我否定和自我怀疑，孩子的不安、孤独、离群等问题就随之而来。

教师原因：在学校里，刘同学的成绩较差，也长期得不到老师们的关注，老师们对他的评价较低，渐渐对他失去了耐心。因此，他便产生了失落感和挫败感。在老师这里得不到适时的表扬和赞美，又常常受到同学们的嘲笑和家长的不满和责备，长此以往便否定自己，慢慢不相信其他人。

三 教师解决方法

引导刘同学自强自信,进行正确的自我评价。

1. 激励教育,唤起信心:苏老师在课余时间经常有意无意找刘同学闲谈,聊聊家常,让刘同学帮老师收作业、发作业等,做一些力所能及的事情,上课时不再公开点名批评他,发现他有进步时及时进行表扬,在课堂上经常用眼神鼓励他,在全班同学面前表扬他。

2. 家校及时沟通,促进学生自信:苏老师经常与刘同学的家长联系,与家长详细分析刘同学在校的表现及原因,共同商量解决孩子不良心理状况的办法,建议家长选择适当的教育方式,为孩子提供表现自己的方式。及时发现孩子的闪光点并给予表扬,父母要多鼓励孩子。

四 反思与建议

1. 加强与孩子家长的沟通,让家长意识到教育不仅仅是教师的事情,家长在其中也起着不可估量的作用。在此基础上,与家长一起,共同陪伴孩子的成长,是必不可少的。

2. 加强对孩子的关注,与孩子做朋友,一步步取得孩子的信任,从而让孩子渐渐敞开心扉。

13 “难缠”的家长

一 典型案例

小学教师这一职业，打交道的对象不仅是学生，家长也占很大的一部分。

严老师担任四年级某班的班主任时，一天晚上突然接到一个家长的“告状”电话。家长情绪比较激动，语气比较气愤。原来这位家长在回家帮孩子整理书包时，发现了一张夹在书本里、写着脏话的小纸条。家长要求班主任尽快查出写这张小纸条的同学，并且要其当着全班同学的面向她的孩子道歉。严老师和这位家长进行了沟通交流，后续的时间里，这位家长十分关注事情的调查处理，并不断催促。要求班主任在调查解决这件事的过程中，不得牵涉她孩子的隐私，不能对学生说出她孩子是当事人。

二 原因分析

1. 孩子之间的矛盾，符合该阶段学生的身心发展规律。这种矛盾不可避免，发生的形式多样。

2. 从家庭因素来看，该学生为单亲家庭，个性比较羞怯、敏感，处理问题的能力较弱。家长对孩子的过度保护减少了孩子处理同龄人交际问题的机会。

3. 因为家长的参与，学生之间的矛盾扩大。对班集体的舆论产生较大影响。

三 教师解决方法

1. 面对冲突矛盾，冷静应对。即使家长情绪较为激烈，为了避免矛盾激化，教师也要给自己留有思考的余地，仔细分析家长的要求，引导家长冷静看待问题。

2. 权衡利弊，耐心交流。家长所考虑的只是自己的孩子，教师面对的是班级所有的孩子，应站在班集体的利益中去考虑问题，才能全面照顾同学，妥善处理问题。

3. 多与家长进行沟通,避免家长的过多参与使问题更加严重化。适当时机召开家长会,使家长正确对待孩子间的冲突。

四 反思与建议

1. 多赞美,少批评。老师要多表扬孩子的优点、成就,不能只对家长诉说孩子的罪状。

2. 运用共同语言。针对不同家长对象,转化成家长能理解的语言,才能达到沟通目的。在电话访问时,要注意电话中的措辞和声调,不论家长语气、言语如何,老师要懂得控制自己的情绪。

3. 举行家长会。举行会议前要充分准备,目标要明确,内容要充实,中心要突出。会议时间的选择要考虑周密,便于家长出席。

4. 建立联络簿。除了交代作业、提醒携带物品外,老师还应把对学生的关注、鼓励、评价写在联络簿上。

14 每个孩子都是一颗小星星

一 典型案例

2016年夏天,李老师开始负责一(2)班和三(1)班的英语教学工作。与天真乖巧的一(2)班相比,三(1)班的孩子就不太让老师们省心。这个班级的孩子学习基础薄弱,学习习惯也有待提高。李老师很快注意到了一位叫小驰的孩子,因为他不爱写作业。他一开始是不定期地漏写作业,后来就每天都不交作业,无论是朗读作业,还是笔头作业,都交白卷。

二 原因分析

李老师立即与班主任胡老师沟通,胡老师告诉了李老师小驰的个人以及家庭情况,这个孩子是比较聪明的,默写单词并不吃力,字也写得比较清秀,可是他比较贪玩,上课不够认真,还有些暴力倾向,在班级里也没少给班主任惹麻烦。李老师还得知了小驰是爸爸再婚后的孩子,在家中最小,所以家长比较宠爱他。

三 教师解决方法

第一次家校沟通的时候,小驰的爸爸对于老师留堂辅导的行为表示不满,这无疑给李老师的教育工作带来了一些困扰。所以,李老师只好暂时放下寻求家长配合的道路。她自己手把手辅导小驰,严慈并济,每天去鼓励这个孩子。

一开始,小驰的状态忽好忽坏,还是经常不完成作业,李老师耐心地鼓励他要坚持下去,即使小驰令她有一些失望,但李老师从来没有放弃过他。有一次,李老师发现小驰的动手能力很强,并且代表学校去展示棕编艺术。她立即在家长群里发了照片并表扬了小驰。

就这样,李老师的真诚打动了小驰的爸爸。小驰的爸爸说:平时工作忙,孩子由老人带,很多学习习惯没有培养好。随后,李老师和小驰的妈妈进行沟通,并告知她暑假的时候,可以针对小驰不会的题目,进行线上辅导,希望小驰可以坚持学习。

开学报到了,这个暑假的英语作业,小驰一点也没有落下,开学后一段时间的学习状态也非常棒,多次得到李老师的奖励贴纸。

四 反思与建议

教育家陶行知先生说:“爱是一种伟大的力量,没有爱便没有教育,为人师表者应当爱满天下。”李老师说:对学生最好的付出就是发自内心地想要对学生好,不仅仅是关注学生的学业成绩,也要关注学生的全面发展,要善于发现学生的闪光点,并充分发挥他们的优点使他们获得自信。一个班级中难免会有接受能力比较差的学生,面对这些学生,老师一定要用自己的爱心和耐心来帮助学生克服困难,只有用心去教学生,才能教好学生。

15 探索学生的一万种可能

一 典型案例

小唐是老师眼里的顽皮学生,学习成绩也在班级下游,上课搞小动作,很少能够专心听讲。小唐坐在班级的后排,后排的同学受小唐影响纪律不是很好,老师便把小唐调到第一排的中间位置,以便实时对他进行监督,并且要求小唐周围的同学和小唐保持一个书桌和一把椅子的距离。一次班级定的英语报少了一份,老师便给小唐布置了其他的抄写任务,没有让他做英语报。

二 原因分析

1. 老师偏心,学生受到不公平的待遇。人都会有偏心的时候,老师也不例外,比如成绩好的学生犯了诸如迟到等错误,老师可能会耐心教导,而学困生、后进生犯了同样错误,老师可能会恶语相向,这样不同的处理态度会让后者产生逆反心理,认为老师偏心,甚至会不服气而自暴自弃,进而上课不专心,成绩下降。

2. 学生长期的不良学习行为导致成绩下降,老师没有及时对学生的学习成绩以及学习习惯的培养进行关注并给予帮助。此外,学生不理解老师。可能是某次老师的批评使小唐深受打击,导致小唐因为不喜欢老师而讨厌学习。

3. 人人都需要被尊重,老师如此,学生也是如此,他们需要得到家长、老师、同学的尊重,有的老师说话伤到了学生的自尊心,学生往往会因为这样那样的话而不满,因此讨厌老师而放弃学业。

4. 家校联系沟通少,家庭教育缺失,父母娇惯孩子或者家庭破裂等也会影响到孩子。

三 教师解决方法

1. 教师将小唐调到前排并且适当调整好和同学们的距离，在小唐身边安排一个学习成绩较好、自制力比较强的同学，先观察一段时间，看小唐的学习主动性和听课专注力有没有改善。

2. 与小唐单独沟通，用一种平等交流的态度，更能起到事半功倍的效果，了解小唐的想法，判断其是否有上进心，视情况进行开导。

3. 帮助小唐补习基础功课，让小唐的成绩提升到班级的平均成绩。

4. 和任课老师沟通，各科老师齐心协力观察与辅导，合力提升。

5. 以家访的方式与小唐的父母取得联系，询问家庭状况，了解学生在家的生活习惯与学习习惯，了解基本家庭状况，给予建议和帮助。

四 效果反思

通过家校双方的努力，以及学生自己的改变，小唐已经能够融入同学当中，并且上课能够保持良好的纪律，主动举手回答问题，虽然小唐的成绩还没有达到班级的平均水平，但是相比以前已经有了较大的提高。

老师在解决问题学生出现的状况时应多方面考虑，以对学生的心灵伤害最小化为目标，否则一味的打压、长时间的区别对待，往往会加剧学生的叛逆心理。老师与学生之间、老师与家长之间，以及学生自己的问题，这些问题堆积在一起，会像雪球一样越滚越大。另外，在处理个别学生身上出现的问题时，要善于掌握时机。

（收集者：石君然）

16 帮助“问题学生”有技巧

一 典型案例

李同学在科技活动课上随意插话，称呼50多岁的科技老师“袁哥”，打乱课堂正常的教学秩序。科技老师在批评教育他时，他不服气地和科技老师对峙，科技老师被气得生病，停课两节。班主任严肃处理了这件事情，耐心引导李同学认错道歉。班主任以为李同学已经认识到了自己的错误，可在几天后的一个早晨，又有其他任课老师来班主任这里“告状”。经了解发现，他在别人值日时不停地捣乱，在任课老师劝阻下也不以为然，出言顶撞，认为老师多此一举，假装听不见，扬长而去。班主任听后很生气，在向任课老师道歉的同时，恨不得赶紧去教室把这学生“揪”出来，最后班主任联系了家长。

二 原因分析

在班级管理工作中，班主任经常会遇到一些“问题学生”。他们有一个共同的特点就是性格上独立意识强，不爱听取别人的意见或建议，以自我为中心，易冲动，面对老师管理时，往往会和老师发生正面冲突。这主要因为：家长过于宠爱或放纵；学生缺乏肯定，缺少关注，内心渴望被关注；从小到大，学生没有很好地接受思想教育，也可以说家庭、学校的思想教育力度不达标；学生自我认知能力差，同伴关系处理不好。

三 教师解决方法

对此，班主任必须根据班级中的实际情况，做出适当的处理和引导。

1. 适当宽容错误，首先要耐心地进行思想教育，感化学生。

2. 对学生严格要求，但并不是越跟越紧，而是在相互尊重、相互信任的基础上进行教育。

3. 把握教育时机，分析各种有利于学生成长的因素并加以运用。

4. 及时将孩子的情况反馈给家长，及时做出有效的沟通和处理，加强家校合作。

四 反思与建议

通过这个案例，班主任应该坚持民主思想，通过理性和严宽适度的方式来教育学生。没有不能教育的学生，孩子毕竟还是孩子，不可能不犯错误。面对他们的错误和不足，教师必须冷静，和家长一起积极地引导和处理。

对即将走上小学教师岗位的师范生来说，一定要多学、多做、多思考，丰富专业知识的同时，也要积极参与社会实践工作，积累更多的经验以便更好地适应这个岗位。与此同时，也要抓住各种机会，多多接触前辈，虚心请教，为自己的工作尽可能地打下一定的基础以及收集一些珍贵的资源。

（收集者：蒋灵英）

17 新教师的自我调节

一 典型案例

新教师在上岗时面临的问题有很多。比如:经验不足、学生和家长的不认可、教学技能相对欠缺等,但其中最重要的问题是劳动的付出和所得不相符造成的心理失衡。

L 老师在刚刚步入工作岗位时,每天第一个到办公室,最后一个离开,在校期间一直忙着批作业、上课,催着学生订正作业,下课就跑去教室"捉人",工作十分认真辛苦。可是,考试成绩一下来,她班里的学生成绩还是不太理想。然而越是这样,她的心里就越是着急,越是着急,她对班里的学生就抓得越紧,常常别的班级同学在课间休息时,她班里的学生还坐在教室订正作业或背课文……

二 原因分析

1. 新教师由于刚从学生的角色转换为教师,缺少实践经验,在制定教学目标和计划时往往存在"一厢情愿"的现象,与学生实际相脱离,教学目标定得太高;在教育教学手段的应用上,由于缺少经验,课堂教学乏味单调,学生兴致不高;在与学生的相处上缺少交流沟通,往往得不到学生的尊重……与预期的效果对比来看,新教师失去了成就感,新教师在学生面前的"权威"和良好形象无法得到体现。

2. 在新教师的心目中,学校领导是慈爱的、宽容的,爱新教师就像爱自己的子女一样。但在现实生活中,部分领导只关注自己学校的业绩,对新教师的情感和心理感受关心较为欠缺。

三 教师解决方法

L 老师在办公室其他老师的提醒下意识到了自己的问题,之后便积极主动地寻求有经验的老师的帮助，对于他们所提出的意见虚心接受，不时地审视自身的不足，并及时改正。

1. 根据学生现在的学习情况，重新设置适当的教学目标，脚踏实地，一步一步地和学生一起进步。

2. 加强与学生的沟通交流，不给学生施加过多的压力，拉近自己与学生的距离，深入了解学生的想法，从学生的角度出发，审视自己，调整自己的教学方式。

3. 调整自己的心态，学会放松。

四 反思和建议

1. 新教师要学会正确的自我定位，提高自己的精神满足感。新教师面临的一个最大的心理问题就是对自我人生目标定得太高，远离自我的实际能力，以致经过自己的最大努力还无法实现自己的夙愿，从而产生失落感。因此，要从自我实际出发，正确定位，制定合适的工作和生活目标，从而提高自信，增强满足感和成功感，学会悦纳自己。

2. 新教师要学习心理保健，掌握基本的心理应用技巧，提升自己的心理素质。在新的工作和社会生活中，遇到各种事情是在所难免的，需要运用所学的心理保健知识去积极地应对和处理。

（收集者：谢丽虹）

18 家校沟通中的困难

一 典型案例

新教师工作中，在家校联系方面可能会存在一定的困难。作为初上任的新老师，很有可能会出现家长不愿配合工作的情况。刘老师是三年级的班主任，她所带的班级有49名同学，其中很大一部分学生是由爷爷奶奶或者外公外婆照顾的，父母一般只有周末才能见到，这就导致了这部分学生的父母无法完成班主任交代的一些任务，有时候班主任通过校讯通或是微信家长群通知的消息无法及时传达给这部分家长，这就给班主任工作带来了困难。还有一部分家长因为工作比较忙，即使收到了通知，有时候也不能配合班主任的工作，所以新教师工作中家校联系会比较棘手。

二 原因分析

该班级学生有很大一部分是爷爷奶奶外公外婆照顾的，这部分家长无法灵活地使用手机等现代沟通设备，所以有时候班主任通过校讯通或者微信群发布的通知，这部分家长没有及时收到，就让班主任的工作变得复杂很多；小学生的传达能力又有限，有时候通知会误传，有时候会忘记，所以班主任就要重新打电话联系，这就增加了班主任的工作量；还有一部分家长工作比较忙，无法及时完成老师交代的任务。

三 教师解决方法

一开始刘老师会在通知下达后要求家长回复“收到”，确保消息已经传达至各位家长，但持续了几周后发现该方法行不通。后来刘老师又摸索了新的方法。她每天带学生到校门口后，会与一些来接送孩子的家长进行一个简短的交流，尤其是那部分由老人接送的学生，她会特别留心交代当天的通知，但该方法使用了一段时间后，也发现了一些问题：其一，并不是所有家长都会来接送孩子，有一部分自行上下学的学生还是无法将通知及时且准确无误地传达给家长；其二，这样做工作量还是很大，而且不能保证能与所有的家长都沟通联系到。

后来，刘老师又进行了方法的改进，她让每个学生都准备一个小小的记录本，所有任课老师有需要通知的信息都会在规定的时间里要求学生将通知写在记录本上。回到家后，家长只需要看学生的记录本，就能及时知道有哪些通知。

四 反思与建议

该方法在该班级已经实施了一个多学期了，该班的各个任课老师也都习惯了用这种方法来传达一些任务或消息。据班主任描述，目前这种方法效果较好，很少出现家长没有接到通知的情况，而且这样做也让学生养成了一个很好的习惯，一举两得。

不同班级的情况不同，新教师也应该根据实际情况做出调整。一、二年级学生书写上有一定的困难，该方法不一定适用；有些班级家长配合情况较好，这种方法也未必是一种最实用的方法。不管是什么方法都要适合本班学生的整体情况。同时在家校联系方面，教师与家长面对面的沟通也是必不可少的。在家长会或家长开放日里了解家长们的态度和情况也是很重要的。

（收集者：许礼婷）

19 爱的教育

一 典型案例

这是王老师走上教育工作岗位的第二年,她所带的班级有个叫伟伟的学生,胖乎乎的,能说会道,是个很可爱的男孩子。可是,他在学习方面却不省心:上课时思想不集中,做作业时动作很慢,老是磨磨蹭蹭,而且不肯动脑筋。回家作业经常不做,即使做了,也不完整。书写相当潦草,小组长每天都向王老师告状。于是王老师找他谈话,希望他能遵守学校的各项规章制度,以学习为重,按时完成作业,知错就改,争取做一个人见人爱的好孩子。他口头上答应了,但就是"勇于认错,坚决不改",依旧我行我素。身为班主任,王老师很多次想放弃,但冷静下来,又觉得要对得起自己的良心,不能放弃任何一个孩子。

二 原因分析

1. 伟伟心里十分怨恨二年级的班主任老师,因为当时老师经常批评他,让他觉得很丢脸。

2. 因为经常受批评,伟伟身边的同学时常嘲笑他,孤立他。

3. 二年级的时候伟伟的爸妈出去挣钱,他跟随爷爷奶奶生活。平时有不会的作业也找不到人问,就胡乱做一通。

4. 伟伟与父母沟通交流的机会很少,父母疏于关心,伟伟觉得爸妈不要他了,内心很是沮丧、害怕。

三 教师解决方法

1. 老师先找伟伟谈话,让他认识到自己的错误,转变他的思想,并解开他的心结。在学习上、纪律上及时给予表扬与激励,使他处处感受到老师的关心。

2. 为了提高他的学习成绩，老师特意安排了一个责任心强、学习成绩好、乐于助人、耐心细致的女同学悦悦跟他做同桌，发挥同桌的力量。

四 反思与建议

1. 以人为本，付出师爱。作为一名教师，应该"以人为本"，尊重每一位学生。教育是心灵的艺术，"爱是教育好学生的前提"。我们要承认教育的对象是活生生的人，那么教育的过程便不仅仅是一种技巧的施展，而是充满人情味的心灵交融。

2. 以生助之，友情感化。同学的帮助对于一个后进生来说，是必不可少的。同学的力量有时胜过老师的力量。同学之间一旦建立起友谊的桥梁，他们之间就会无话不说。

3. 因材施教，循循善诱。世界上没有两片完全相同的树叶，也没有两个完全相同的人。每个孩子都是一个特别的、独立的个体，所以老师在面对他们时，要尊重个体差异。另外，作为一名教育者，一定要有耐心，教育不是一蹴而就的事业，而是一个漫长的过程。

（收集者：张苑）

20 班有“孩子王”

一 典型案例

班中有一个“孩子王”,他比班级中的孩子年纪稍大且见多识广。可是有一个坏习惯,就是会把班级中的男孩带坏。有一天,班级闹哄哄的,王老师以为是他带孩子们一起闹,什么也没问直接走过去拍了他两下。王老师很少对学生发火,而且拍的那两下只是安抚的意思。没想到,他却哭了。他哭着抬头对王老师说:“你怎么不说他们?”王老师觉得很愧疚,辜负了这个孩子的信任。于是王老师赶快了解事情原委并向孩子道了歉。

二 原因分析

1. 教师没有就事论事的了解原因,轻易给学生贴上了“标签”。

2. 学生内心敏感脆弱,需要教师公平公正的对待。

三 教师解决方法

1. 尊重学生,学生才会尊重老师、配合老师。要学会礼貌用语,注意采纳学生的正确意见,委婉拒绝学生不合理的要求,对学生一视同仁,绝不歧视差生。

2. 及时表扬、批评,奖优罚劣,刚柔相济。一味的“刚”,会让学生难以忍受,一味的“柔”,迁就学生的无理要求,也会让学生没有原则,不听教诲,拖拖拉拉……当遇到有人违令不听、执行不力的情况时,就应该大胆地杀一儆百。同时,要找到学生身上的闪光点,要为学生的成功鼓掌。赞扬是最好的鼓励,要准确,有分寸。如果都是赏识,则是片面的,没有批评不是完整的教育。批评要选择适当的时间、场合,要及时、正确、有理、适度,不带有绝对含义的词,要因人而异,就事论事。尽量一次只提一件事,避免讥讽,要有明确的目的。方法要灵活,不断更新。批评以直接、简单、明了为最好。教师的声调、表情要适当,要严肃,要讲清危害,要公平、公正。

四 反思与建议

在工作中,老师要永远记住:不放弃每一个孩子,相信每一个孩子。没有爱就没有教育,只有充满爱的教育才是成功的。每个孩子都是鲜活灵动的个体,有着独特的性格,只有了解了这点才会去爱、去尊重自己的学生。

“路漫漫其修远兮,吾将上下而求索。”老师需要不断探索,针对不同性格的学生采用不同的方法,信任、鼓励学生。小学期间的孩子内心其实很敏感,老师对学生的看法,学生很在意。因此老师应深入了解每一位学生,不要轻易下结论。

(收集者:陈诗意)

21 课堂管理很重要

一 典型案例

当课堂上有学生有意或无意地违背课堂纪律时,最初的时候老师没有太关注,认为这样可以适当地活跃课堂气氛,也可以为学生减轻一些压力,但这样就出现了从一个人乱,到一片乱,再到整个班级纪律全部乱起来的现象,最后影响教学的正常进行。经过反思,老师意识到问题的严重性,决定严格管理,所以再遇到有学生不遵守课堂纪律的情况,老师没有听之任之,而是直接停止讲课,进行制止和批评。但这样又使学生学习积极性降低,课堂教学效果变差,严重影响学生的上课效率,也使老师与学生的关系变得紧张。

二 原因分析

1. 新教师缺乏组织教学的经验和技能。最初出现学生不遵守课堂纪律的问题时,老师没有用正确的方法解决,从而导致老师上课很被动。

2. 新教师的教育机智能力有待提高,缺乏教学应变能力,主要是因为新教师上课紧张怯场,教学经验少,语言应变能力差,不能将发挥学生的主体性与教师把握课堂节奏完美结合。

三 教师解决方法

1. 强化自信心,克服紧张心理。新教师可以从以下几个方面努力。第一,认真备课,通过合理、精心的教学设计和充分的准备,自己对上课做到心中有数,增强自信心。第二,要适当降低自我的期望值,对自己的要求不要太高,不要过于追求完美。第三,要学会自我心理调节。

2. 精心设计开场白,给学生留下美好的第一印象,有利于教师以后顺利地开展教学,树立威信,达到良好的奠基作用。

3. 树立新的教学理念,充分发挥学生的主体性。教学中教师要充分关注学生学习方式的多样性和学习能力的培养。教师应充当学生的引导者、促进者、合作者等角色。

四 反思与建议

1. 新教师一定要关注新课改,树立新的教学理念,并把理念自觉转化为自己的实际行动,真正使自己的课堂充满情趣与张力,成为学生个性张扬、愉快成长的阵地。

2. 新教师要不断提高自身整体素质,增强教育基本功,熟练掌握教学常用技能,如导入技能、组织教学技能、板书技能等,从而使课堂富有魅力,吸引学生的注意力。

(收集者:张慧勤)

22 巧妙的“表扬”

一 典型案例

某天早晨，袁老师刚来到办公室，有一位任课老师就来“告状”：“你们班的李同学太不像话了！”袁老师心中一惊，李同学是她班上有名的“唱反调大王”，经常在班主任和班干部安排工作时“唱反调”，以前有几次对老师不礼貌的行为，但是经过袁老师苦口婆心的教育，最近已经大有进步，懂得尊重师长、尊重同学，这次不知又做出什么“惊天动地”的事会气得老师大动肝火。原来，昨天下午放学后，李同学在值日生同学值日时不停捣乱，任课老师进行劝阻时李同学还很不以为然，称自己只是在开玩笑，并在老师叫他时装作听不见，扬长而去。袁老师听了这件事后也十分生气。

二 原因分析

学生犯错误，尤其是习惯性的错误，老师和家长应该做好该错误会反复发生的思想准备，决不能急于求成或丧失信心。袁老师说，根据她对李同学的了解，这孩子虽然固执、冲动，但却富有正义感，且知错能改。

三 教师解决方法

袁老师认为，李同学在事后应该是有所醒悟的，她过早地介入此事未必能达到最好的教育效果。果然，过了三天，任课老师告诉袁老师，李同学已经主动找她并且向她真诚地道了歉，同时感激袁老师在其中做出的努力。袁老师表示，其实她什么都没做，仅仅是做到了等待和宽容。

原来，在当周的班会课上，袁老师不但没有批评李同学，而是放大了此事中李同学“及时停止捣乱行为”这一点，在全班同学面前表扬他知错就改，而故意隐去了他“顶撞老师”“装作听不见”等不当行为。袁老师还说，任课老师认为他在学习上的潜力很大，相信他在学习上加以努力也能让人刮目相看。那一刻，袁老师看到了李同学眼中闪亮的光芒，那是被人信任、鼓舞后的激动的泪花。

这次事件以李同学主动认错结尾，但其中少不了袁老师基于对该生性格的了解而做出的选择，很好地保护了学生的自尊心，也给了他主动改正错误的勇气。

四 反思与建议

1. 如果说“没有教育不好的学生”是唱高调，那么“没有不能教育的学生”则是实实在在的道理。学生毕竟还是未成年的孩子，天性渴望独立，不想被束缚。孩子不可能不犯错误，对一般的错误，要适当“容错”，只要学生能够意识到错误并改正就可以。

2. 对学生严格要求，不放松常规管理，但绝不是管得越紧越好。对于“问题学生”更是这样，否则可能引起学生的逆反。教育首先是服务，管理首先是尊重，相处贵在信任。要充分相信学生，逐渐从事无巨细中解放出来，给学生自我成长的空间。

3. 教育时机的把握非常重要，这就像烧菜时的“火候”或打仗时的“战机”，往往稍纵即逝，而把握住时机则会收到事半功倍的效果。

（收集者：曹汇钦）

23 “搬运工”的错误

一 典型案例

在A老师任一年级第一学期班主任时，一次学生之间的小打小闹，导致了双方家长之间不愉快的口舌之争。后来回想，这是沟通不当所引发的家长矛盾。

当时一位家长跟班主任A老师叙述了情况：自己的孩子脸被打肿了，希望对方家长赔礼道歉。当时没经验的A老师只想着快点解决这件事，于是贪图方便把与这位“原告”家长之间的谈话截屏发给了另一位家长。本以为这位家长能明白意思，向那位家长道歉。可是这位家长反而觉得另一位家长是把事情复杂化，孩子之间的事就应该孩子们自己处理，不应让家长道歉。并且打架双方都有错误，不应该只让自己的孩子道歉。

经过几次交涉，双方都不肯退让，甚至在家校群里恶言相向。

二 原因分析

在这件事上，班主任A老师觉得自己做得比较草率，在只听了一面之词的情况下就给孩子扣上了打伤人的帽子。而且A老师没有注意沟通的方式，引起了双方家长的误解，甚至觉得班主任袒护某一方。

三 教师解决方法

（一）现代工具勿常用，沟通还需电话和见面

在处理家长之间的矛盾时，班主任不能只做“搬运工”去传达家长的意思，应该做“软化剂”，两边劝导，才能让大事化小，小事化无。截图虽然方便，可里面的内容却只是一位家长的一面之词，在另一位家长看来，就认为班主任是站在那位家长那边的，自然缺少了安全感，因此才会言辞激烈。其实，最好的方式还是打电话沟通

或见面交流。在电话沟通中，家长会感受到老师的关怀和态度，这是单薄的文字所不能做到的。

（二）“伙伴人”式的沟通

我们让家长成为“伙伴人”，是为了让学校和家庭合力育人，班主任与家长进行沟通，寻求解决学生之间问题的有效方法。以后再有类似事情发生，应该在双方家长心平气和的情况下，在实事求是的基础上，用征求意见的态度，与家长共同研究解决问题的办法。

四 反思与建议

家校联系是班主任工作的重要一环，因此师范生在入职前应有意识地掌握一些与家长沟通的技巧。

入职后，平时要主动与家长沟通联系，不要只是在学生出了问题后才想到与家长联系。比如在学校组织活动时，可以在家校群展示一些活动照片。与家长沟通的话题不仅限于学生的学习，也可以是学生的兴趣爱好、思想动向和学习习惯等。

让家长参与到学校活动中来。比如主题班会都是学生参与，家长很少有机会参与其中。这时可以邀请一些家长参加班会课，在课堂上听听自己孩子的心声，通过这种方式增进家长与学生、家长与老师以及家长与家长之间的沟通交流。

（收集者：陈诗旖）

24 以爱为媒，以心搭桥

一 典型案例

陈老师入职刚刚三年，现在是四(1)班的班主任。工作以来最大的问题其实是在一位学生的教育问题上，在整个过程中，陈老师对班级管理、教育教学、学生管理和家校联系都有了很多感悟和思考。

班上有个王同学，在陈老师刚接这个班时，就表现得和其他同学不太一样。英语课上不仅无精打采，而且经常会做一些小动作，嘴里也会自言自语，有的时候声音会很响，影响其他同学的学习。让他回答问题时，他也是答非所问，经常会给出一些很奇怪的答案。所以刚开始的时候，陈老师不怎么喜欢叫他，公开课的时候更是把他放在比较偏的位置，以免他上课突然大叫，影响其他人。下课的时候有些孩子会嬉笑打闹，有些孩子会认真做作业，王同学就是自顾自地玩橡皮或者是坐在座位上发呆。他不会主动去找其他同学玩，只有当老师指派同桌经常主动找他玩时，他才会理睬他人，但是他似乎不能完全理解别人话里的意思。作业基本是大片空白，考试也是白卷，有时候写了一些东西也是文不对题。

针对王同学的特殊情况，陈老师也和各科老师进行了交流。各科老师反映的情况也是大同小异，主要是王同学喜欢待在自己的小世界里，不愿与外界有过多的交流，但是当别人主动和他交流时，他会有回应，就是会有一些奇怪的回答。比如，当音乐老师担任课间护导老师的时候，看到王同学在走廊上奔跑，音乐老师对他说："小王，不要乱跑。"他会主动竖起食指，说："嘘，老师说不跑不跑。"虽然嘴上说着不跑，人依旧横冲直撞。班主任找王同学谈过话，谈话期间他好像知道老师谈话的目的，所以一直玩手指，也不回答。为了多了解情况，班主任和他的家长做了交流。

二 原因分析

王同学的家庭情况比较特殊，父母都是务工人员，平常工作非常劳累，晚上回来也没什么时间和孩子做过多的交谈。他从小到大都是姥姥带着,姥姥不识字,所以也不能给孩子辅导作业,孩子的性格又比较孤僻,久而久之,养成了不愿交流,喜欢自己玩耍的性格。

三 教师解决方法

陈老师让班委平常玩耍时邀请小王一起参与。一段时间后,小王不再排斥跟外界接触。作为老师,对他的学习要求设立了适合他的学习任务,给出的指令尽量明确。现在的王同学已经有了明显进步,上课的时候不会突然站起来,有时候老师做一些有趣的活动时,他也能参与其中。回家作业也能做一些,不再都是空白一片。同学间的交流虽然还有困难,但是他学会了安静倾听。

四 反思与建议

教育教学,教书育人是需要教师在多方面付出的。

(一) 以人为本,付出师爱

教育是心灵的艺术。作为一名教师,应当“以人为本”,尊重每一位学生。教育学生,首先要与学生之间建立一座心灵相通的爱心桥梁,心灵上的沟通是充满了人情味的。对于王同学这样的特殊需要学生,应该亲近他,敞开心扉,以关爱之心来触动他的心弦。

(二) 因材施教,循循善诱

“一把钥匙开一把锁。”每一个特殊需要学生的实际情况是不同的,必然要求老师深入了解弄清学生的行为、习惯、爱好及其产生的原因,从而确定行之有效的对策,因材施教,正确引导。

在更新教育观念的今天,作为一个热爱学生的教师,有责任关心爱护学生。对于特殊需要学生更应该倍加关注,给予他们更多的爱。

(收集者:冯瑗玲)

25 家庭教育对孩子的影响

一 典型案例

小兵和小婷是一对龙凤胎，10岁，四年级，兄妹二人性格差异大。哥哥小兵贪玩又调皮，经常惹老师生气，而且成绩不好，处在班级中下游；而妹妹小婷，完全相反，乖巧懂事，成绩在班里数一数二，深得老师喜爱，在家中也包揽了不少家务活。但是小婷性格有点内向，不自信，平时不太积极参与班级活动。兄妹二人家在农村，家境不怎么好，父亲沾惹了不少恶习，抽烟、喝酒、赌博，输钱的时候还家暴，因此他们的母亲离家出走了。家中还有爷爷和卧病在床的奶奶，爷爷在林园有种植苗木的几亩地，赚来的钱也仅够维持家用。

二 原因分析

(一) 农村"重男轻女"的观念

在中国农村还存在"重男轻女"的观念，家中对哥哥小兵一直宠爱有加，使小兵养成了散漫的学习习惯，加之小兵本身就调皮，家里又放纵，因此他在学校都不怎么听老师的话。而妹妹小婷，从小就在家帮助奶奶做家务，乖巧懂事，也十分珍惜学习的机会。

(二) 父母不好的影响以及对教育的不重视

父亲的一言一行，都会影响儿子的举动，甚至影响儿子价值观的形成。小兵的父亲有不少陋习，在儿子小兵面前也不知收敛，给儿子起到了一个反面教材的作用。因为还没有形成正确的是非观，小兵就会学习自己的父亲，从而养成了不好的习惯。同时，在家中，母亲离家出走，奶奶卧病在床，爷爷忙着做苗木生意，爸爸不学无术，家里对孩子的教育不重视，使孩子对学习也抱有无所谓的态度。

(三) 居住环境以及周围教育资源缺乏

小兵的家住在农村的菜市场边上，从早上开始就喧闹不停，没有一个良好的学习环境。同时,由于在农村,除了学校,就几乎没有其他教育资源。孩子们的日常就是每天在一起打打闹闹,而不是坐在一起学习。

三 教师解决方法

1. 班主任和任课老师在学期初和学期末,到小兵、小婷家家访,具体了解学生家里的情况。在了解情况后,老师还带了一些营养品给生病的奶奶,这拉近了老师和家长的距离,也拉近了老师和小兵、小婷的距离,增加了信任感。

2. 对小兵和小婷给予关心,同时对他们采取了不同的指导。对小婷,老师在学习难度上对其要求有所提高,同时让她帮助老师完成一些任务,使小婷能够学到更多的知识并在能力上得到锻炼;对小兵,老师则严格管教,让小婷平时监督小兵完成家庭作业,两人结伴学习。同时,对小兵和小婷采取一定的奖励,如果小兵每周按时完成作业,并在考试中有进步,可以得到一件小礼物;而小婷,如果帮助哥哥学习进步,同时自己的学习成绩也提高,可以实现小婷一个愿望。

3. 为了让小兵体会赚钱不易,老师会让小兵的爷爷每周六带小兵一起去林园照看树木,给树苗浇水施肥。

四 反思与建议

经过一段时间的指导后,小兵和小婷都有了一定的改变。小兵对爷爷的态度也多了尊重,懂得了爷爷赚钱的不易。有时候,看到爸爸赌博,还会制止,这是一个良好的开端。尽管小兵的成绩仍不尽如人意,但是小兵对学习的态度有所转变,在小婷的督促下,基本能够完成家庭作业。虽然小兵依旧调皮爱玩,但在家里,有时看到小婷在忙,也会主动提出帮忙。而小婷,性格比以前更开朗了,会主动和同学交流,下课一起玩耍,结伴回家。

(收集者:孙佳超)

26 先反思后教育

一 典型案例

中午，班级内正在进行大扫除，陈老师（班主任）走进教室巡视打扫情况，发现其他同学都在打扫卫生，只有两个男生小A和小B，一个追，一个跑，围着教室不停地转。陈老师见状，非常生气，制止了他们的行为，并把他们叫到办公室。陈老师并不把他们一同叫到跟前训话，而是让小A先站在办公室反思自己的行为，把小B叫到办公室门外了解情况。听完小B的陈述，也要求小B反思自己的行为。随后，陈老师进入办公室，向小A了解情况。

最后，陈老师将小A和小B一同叫到跟前进行思想教育，指出其他同学都在认真打扫卫生，而他俩却为小事互不宽容、相互追打，这种行为很不好，随后要求他们在办公室打扫卫生。

二 原因分析

陈老师分别从小A、小B那里了解到：小A当时正在扫地，而小B正在他旁边向抹布上洒水，结果把水洒到了小A身上，小A认为小B是故意的，可小B坚持说自己是不小心的，于是两人吵了起来。小A很不服气，开始用扫把打小B，小B为免于挨打，跑了起来，于是就出现了小B跑、小A追的场景。

两位同学各执一词，把原因都归于对方身上，相互推卸责任，一口咬定是对方的错误。

三 教师解决方法

陈老师突破了传统的教育方式，他没有同时向两位学生了解情况，而是分别进行交谈。陈老师在对学生进行思想教育时，让学生逐步认识到发生矛盾是因为双方互不宽容造成的,不应该一味地把错误归因到对方身上,也要从自身寻找原因。

由于其他同学正在教室里打扫卫生,但是他俩却没有完成劳动,于是老师让他俩完成了相应的打扫任务。这反映出,陈老师认识到惩罚不是目的,而是手段,真正的目的是让学生学会宽容。两位学生也心甘情愿地接受了“惩罚”。

四 反思与建议

遇到多名同学一起犯错时,可以分别与他们进行交谈。在与一个学生进行谈话时,让另一个学生冷静、反思自己的行为。这样有利于学生认识到自己的错误,而不是被迫承认,从而避免产生内心不接受批评的逆反心理。

(收集者:蒋蕾蕾)

27 不爱学习的小朱

一 典型案例

三年级的小朱平时学习习惯比较差，经常上课时间离开座位，或者转头与同学讲话。小朱的课堂作业完成情况相对于其他同学也是较差的，总要拖到放学后，需要老师一对一辅导才能完成。另外，他还经常在课间捉弄其他同学，在老师提醒后，仍管不住自己去做影响他人的事，在班上的人际关系很不和谐。

二 原因分析

根据老师和同学平时对小朱的观察和了解，小朱的学习习惯比较差、好动、爱说话，常管不住自己，这些行为正是缺乏自制力的表现，无法自我约束。

除此之外，他在学习上也比较懒散，遇到问题不是自主解决，而是轻易放弃，等待着老师来为他解决。这样的孩子对于挫折的归因总是倾向于外界或者他人，从来没有意识到自己应该承担的责任。久而久之，就养成了推卸责任的坏习惯。

三 教师解决方法

(一) 谈心沟通、内省法

在小朱捉弄同学后，班主任与他进行了交谈，让他反思：我做了什么？我给别人带来了什么痛苦？这样做有什么坏处？小朱认真反思后，理解了被捉弄同学的感受，认识到了自己的错误。事后，他主动向被捉弄的同学道歉。

(二) 合理激励

当孩子的坏习惯逐渐改变时，家长和老师及时予以表扬，这样做可以从正面对孩子的行为予以肯定、强化，从而鼓励孩子继续将正确的行为延续。例如，小朱在一次篮球展示时，没有意识到这场展示的重要性，经常做小动作，管不住自己的球，班主任与他约定,全程好好表现,就请他吃巧克力,他真的做到了。老师对他说,以后好好表现的话还有奖励。这样就在潜移默化中让他学会自我控制,并体验成功的快乐,不断进步。

(三) 及时督促

由于小朱有作业拖拉的情况,为了防止他放学后又被留下,老师在中午、大课间常去观察他的作业情况并辅导他,及时制止他的不当行为,让他安安静静地在座位上写作业。老师发现他并不讨厌写作业,只是平时没有静下心来,当他静下心写作业时,还会主动询问老师问题。

四 反思与建议

经过一段时间的个别教育,小朱的捣乱行为有所减少,被其他同学告状的次数也明显减少了。总的来说,小朱有了较大的进步。但习惯的养成需要时间,在没有人监督的时候,他依旧无心学习,还是会擅自离开座位,或者和其他同学讲话,自制力还有待提高。

从小朱身上,我们深深感受到:学生不是任何时候都能接受老师对他心灵上的塑造,有时学生像一块坚硬的合金,让老师难以雕塑,而在老师和学生间建立了融洽的关系后,师生有了感情交流,事情才容易解决。

(收集者:吴亦宁)

28 “捣蛋大王”小东

一 典型案例

小东的父母均为外来务工人员，对孩子的教育十分重视，尊重并采纳孩子的意见。小东在校成绩中等，但学生的行为却存在一些问题。比如：课间，小东经常在走廊上跑步、打闹、乱叫；对班主任有畏惧感，但对其他任课教师则抱有无所谓的态度，上课喜欢插嘴、开小差；喜欢抢别人的东西，午休时曾将水杯中的水倒在同学头上，问其原因，回答是因为好玩。

二 原因分析

家长对学生的行为表现也是十分无奈，在家也无时无刻不对他进行教育，告知他什么该做，什么不该做，但收效甚微。为此，父母甚至曾带小东去医院检查是否患有多动症。在校老师也给予其充分关注，但因其自身行为原因，班中学生不愿与他交往。为了让其他同学和他玩，他曾将一些小东西送给同学，但效果不明显。自身成绩虽然中等，但有写作业拖拉的问题，经常要等到任课老师催促，才能够完成。

三 教师解决方法

关于把水倒在同学头上这件事，班主任首先向小东了解事情的原因，但小东不愿开口，而被倒水的学生也不知道原因，因此，班主任联系了双方家长。家长对此事高度重视，随后赶到学校。在老师和父母的共同询问下，小东说这么做只是觉得好玩，并意识到了事情的严重性与恶劣性，向那个同学道了歉。之后，班主任又与小东的父母交流，并结合任课老师反映的情况，一起讨论解决小东问题的方法。

针对课间打闹与在走廊奔跑的情况，班主任给出了这样的方案——让小东担任班级的“行规检查员”。“行规检查员”就是下课在走廊上检查有哪些人违反了行为规范，这样小东就要以身作则，不能在课间追逐打闹了。由于小东喜欢画画，班主任还让美术老师在美术课上多表扬他，增强他的自信心。

四 反思与建议

在教师与家长的共同努力下，产生了一定的效果，具体如下：

1. 作为“行规检查员”，小东不仅不再与其他同学在走廊上追逐打闹，还利用“行规检查员”的身份进行制止和管理。

2. 在美术老师的引导下，小东在美术课上积极主动，经常能够交出高质量的美术作品。午休期间，在征得老师的同意后，小东能坐在座位上安静地画画。

（收集者：孙天衣）

29 “被冷落”的小敏

一 典型案例

小敏各方面能力比较强，头脑很灵活，劳动积极主动，但学习成绩非常不理想，特别不爱写作业，作业非常拖拉。此外，小敏的行为习惯较差，爱惹是生非，还经常影响别人，让班级同学颇为反感。

二 原因分析

（一）家庭的冷落

经过分析，李老师认为小敏的这些异常表现与她的家庭有很大关系。父母在小敏很小的时候就离异，小敏从小跟着父亲生活，之后父亲再婚，新妈妈生了一个弟弟。平时，父亲又因为工作不在家，小敏经常遭受新妈妈的不公平对待。

（二）班主任的态度

班主任发现了小敏的不规范表现，经过一段时间的观察及多次交流谈心，小敏并没有多大进步，总是一副无所谓的态度。久而久之，班主任也就不那么上心了。

三 教师解决方法

（一）消除敌意，建立信任感

首先用爱融化小敏内心的坚冰，消除她的不良情绪。有时，李老师默默地走到她身边，帮她把桌子整理好；上课时，总是请她回答一些简单的问题，如果回答正确，就在班上当众表扬她，增强她的自信心；课间，李老师见她爱踢毽子，经常和她一起踢毽子。

（二）从作业辅导、心理辅导、与家长沟通和开展活动四方面着手，帮助她增强自信心

1. 作业辅导。放学后，将她单独留下，帮助她分析试卷，先肯定她的长处，再帮她分析错题，找出错因，归纳她的不足之处。

2. 心理辅导。李老师常和她像朋友一样谈心，让她把想对妈妈说的话写在日记本上。

3. 与家长沟通。李老师找到小敏爸爸，委婉地向他建议，平时多抽一点时间陪陪小敏，多关心她，给她温暖，帮助她增强自信心。同时，试着与小敏平等地沟通，给予孩子宽容。

4. 开展活动，融入集体。在班中寻找一个成绩好的学生，帮助小敏学习，成立“一帮一”互助小队，带她多参加班级活动。

四 反思与建议

通过两个月的努力，小敏各方面都有比较明显的转变，教室里经常可以看见她为班级忙碌的身影。讲台乱了，她会主动帮忙整理；垃圾袋没了，第二天她就从家里带了一卷新的；最重要的是在学习上，做作业不拖拉了，成绩也有所进步。

李老师将对新教师的建议总结如下：

1. 正确对待孩子在成长阶段所犯的错误。

2. 创造条件，给予学生成功的机会，增强他们战胜困难的决心和自信心。

3. 心病仍需心来治，用爱的力量感化孩子幼小的心灵。

（收集者：李温温）

30 “严师”管午饭计

一 典型案例

班级是学校进行教育的基本单位和重要场所。班级的管理,直接关系到学校教育教学质量的高低。而班主任是班集体的教育者、组织者和领导者,在学校教育工作中具有重要作用。曹老师作为一名实习的新老师,通过一周的见习,在班主任工作方面还是遇到了一些难题和困惑。

有一次,班主任老师外出,由曹老师暂管班级午饭。曹老师用尽办法维持班级秩序,保证学生正常用餐。但是在盛完汤后,有一个男同学突然叫嚷道:“这不是汤!这就是白水加粉丝!”在这位男同学的叫嚷下,别的同学都开始起哄,附和他的说法,甚至将菜放入汤中,等等。由于这位男同学的“奇思妙想”,整个班级处于失控状态,而曹老师的管理也显得很无力。最后,在曹老师较为严厉的批评下,才勉强维持住班级的午餐秩序。

二 原因分析

造成这种情况的原因主要是小学生从众心理的存在,从众心理可表现为以下几方面:

(一)课堂上学生的思维从众

在课堂上经常会出现这种现象:老师抛出一个问题后,只要下面传出一个答案,不论其对错,总会有别的学生毫不迟疑地把这个答案加以重复。如果老师有意地追问一句:“这样对吗?”又会有学生不假思索地说不对。这种不经过自己独立思考、盲目从众的情况,严重干扰了教师利用提问达成促进学生思维活跃的目的,也不利于问题的解决。

(二)活动中学生的表现从众

在有组织的班集体活动或自发的小组活动中,经常有学生为了能参与其中并得到别人的认同，压制自己的主观意愿，心甘情愿地跟在别人后面，甚至对别人的一些错误要求也会照做不误。

（三）交往中学生的语言从众

学生们常碰到一起，在交往中运用的语言也常会相互影响，一些具有号召力的学生的新奇、有趣甚至粗鲁的语言都可能成为大家模仿的内容。这一点也正是所分析的案例中体现出来的学生在交往中语言从众，会跟着别人的想法走。

三 教师解决方法

对此，班主任的解决办法是请那位带头起哄的男生在墙边冷静下，继而其余同学就都陆续安静下来了。低年级学生还未形成个人价值观，不完全具备正确判断的能力，很容易产生不良的从众行为。学生在集体中学习生活，必然要遵守既定的行为准则和角色规范。这些有形和无形的规范会产生一种压力，使一些独立性不强的学生为了避免偏离群体而失去安全感、认同感和归属感，这一点需要教师帮忙克服。

四 反思与建议

1. 教师应提高自身的素质，要热爱教育事业，用爱去感染学生。这是作为一名教师的基本义务。教师要真心地关怀学生、全心全意地爱护学生，只有这样才能让学生真实地感受到来自教师的爱与奉献，学会如何去关心他人、如何为他人着想，从而学会正确处理同学之间的各种关系。

2. 作为新教师，要努力成为一位拥有丰富知识、幽默语言和崇高人格的教师，这样才能够引起学生心理的共鸣，成为他们敬佩和效仿的楷模。

3. 要重视小学生的心理、情感教育。作为班主任，要开展丰富多彩的班级活动，培养集体主义精神，还要与学生家庭建立起良好的反馈机制。

（收集者：曹汇钦）

31 家长不管的黄同学

一 面临的难题

黄同学是一名六年级的学生，平时学习习惯差，上课走神、无精打采；作业拖拉或者抄袭，字迹潦草；各门功课考试成绩都不理想。每次和家长联系，反映学生情况，家长都敷衍了事，说没有时间来学校了解情况，有时候甚至连老师电话也不接。单独找黄同学聊了好几次，他也没有什么改进，家长也没有任何要改变的行动，甚至说："我们这个孩子看来是改不好了，管也管不住了，要不就算了吧！"对此，作为老师也不知道该做什么，家长都打算放弃，那么老师单方面的努力也起不了很大作用。

二 原因分析

家长不重视孩子的教育，他们把大多数时间花在工作上，没有重视从小对孩子学习习惯的培养，并且至今都没有认识到问题的严重性。

三 教师解决方法

1. 让家长认识到孩子现在的状态，感受问题的严重性，让其明白家长是孩子的第一位老师，家长的一言一行、一举一动都逃不出孩子的眼睛。家长要做到以身作则。

2. 相信孩子，不断对其进行教育。

3. 教师尽量多关注该生，及时和家长沟通联系，反映实际情况，必要时与家长面谈，也可以进行家访。

4. 教师要做好班级学生的思想工作，可以让同桌帮忙监督该生的学习状态，以便有更好的反馈。

5. 对该生进行思想教育，关注他每天的作业情况，严格要求。作业不理想，要求他重新完成；同时，对于学生的进步，哪怕是很小的进步也给予肯定和表扬，激发其自信心。

四 反思与建议

1. 抓住机会，不怕失败，即使一开始课堂效果不好，学生管理并不到位，也要继续加油。

2. 无论学生学习处于什么水平，都应该予以关注和引导，不放弃任何一个学生。

3. 和学生“约法三章”，一定要和学生明确“该做什么”“不该做什么”。

4. 与家长灵活交往，要自信、主动，要虚心倾听，遇到问题要冷静，一切以学生发展为主。

5. 与同事合作共进，多请教，多交流，多分享，同时也要多多观摩优秀教师的课堂。

32 后进生的日常

一 典型案例

班级中一位男生，学习成绩中下，上课不认真听讲，总是做小动作，有时候还会发出一些奇怪的声音，扰乱课堂秩序。作业总是很随意，自己想写了就写，不想写了谁劝也不写。更严重的问题是该生和同学关系很不理想，经常打架，欺负同学，因此他也一直被班里的同学孤立，没有什么朋友，家长对这一情况也无可奈何，老师曾多次和家长交流，但都无济于事。

二 原因分析

1. 从小家庭教育不到位，没有养成好的学习及生活习惯。父母平时对其管教少，对小问题不够重视。小问题越积越多就变成了大问题。

2. 学生自制力不够，自我要求不高，意志力薄弱，并且还未意识到问题的严重性。

3. 班主任对孩子的关注度还不够高，一些问题没有及时处理，面对孩子的坏习惯没有及时指出并帮助他改正。

三 教师解决方法

1. 因材施教，降低对该生的要求，配合表扬、鼓励的正能量作用，不断激励他。

2. 试着和学生商量，双方签订一个协议：①如果能保证半天不犯类似的错误，就可以得到表扬；②如果能保证一天不犯类似的错误，就可以在班级表扬；③如果能保证一周不犯类似的错误，就可以在父母面前表扬；④如果能保证一个月不犯类似的错误，就可以成为班级文明之星。如果不能做到，就要受到相应的惩罚。

3. 继续加强与家长之间的沟通联系，及时将学生的情况反馈给家长，也要求家长在家里严格要求，认真把关，共同努力帮助该生进步。

四 反思与建议

首先，对于所有的孩子，教师都应该一视同仁，不能因为其学习成绩不够好、习惯不够好等原因，就为其贴上“后进生”的标签。其次，应该相信每一个孩子都会不断地进步，要给予他们鼓励与关爱，给他们足够的时间，陪伴他们成长。当发现他们点点滴滴的进步时，不要吝啬表扬，相信孩子们一定会越来越好。

33 不配合的小杰

一 典型案例

一节班会课上，小杰在小组上台交流时，朝底下的队员挤眉弄眼，几个女生忍不住笑出声。还有一次公开课上，小杰在举宣传画时，跳起了舞蹈，即使小组交流活动结束了，他的身躯还在扭动，眼神充满了挑衅的意味。这是一节校级公开课，小杰却做出这样的举动，使得这节课上得非常不顺利，也影响了整节课的教学进度。课后班主任对小杰进行了严肃批评。

二 原因分析

经了解，有一次民乐课上，小杰在地板上打滚，影响了老师上课，老师则当着全班同学的面批评他，让他觉得很丢人，从此他就经常在课上捣乱。班主任了解到，他原本想要去上奥数班，但他父母非让他上民乐兴趣班。他打滚是想让民乐老师生气，开除他，他就可以选择自己喜爱的奥数班了；而经常课上捣乱则成了习惯性的行为。

三 教师解决方法

班主任向小杰的父母说明了情况，并与小杰进行交流，鼓励小杰去上奥数班。小杰听后很开心，主动承认了自己的错误。从此，小杰做事慢慢开始冷静，与教师的关系更融洽。教师也因此赢得了学生更多的尊重、信任和爱戴。

四 反思与建议

高年级学生的心理、生理已经开始发生改变。作为教师，教育时应该注意一些技巧。

（一）尊重孩子的意愿

成功最重要的因素是培养孩子的内在兴趣。但是现在的教育机制，正是在扼杀孩子内在的兴趣和动机，不管孩子内心的想法，不是让孩子顺其自然地发展，而是去帮助孩子设计蓝图，把自己的愿望强加给孩子。老师应重视家庭教育的作用，做好家长的思想工作，达到共同的教育目的。

（二）走进孩子的心灵

用正确的思想来引导学生，用高尚的德行来感化学生，用大方的仪表来影响学生，才能用真诚换来信任，用宽容赢得尊重，用理解获得成功。教师的威信是在潜移默化中树立起来的。

34 “菜鸟”老师的难题

一 典型案例

刚刚入职的新教师常会遇到以下这些难题：上课的时候感到紧张、慌乱、没有自信心；不善于组织教学；学生的突然发问也会让教师措手不及。

二 原因分析

1. 新教师可能产生过高或者过低的紧张度，这种情况可能源于新教师对教学流程、教学环境、教育对象的不熟悉等，都不利于教学的展开。

2. 当学生在课堂上有意或者无意违反课堂纪律时，新教师往往不能采取及时有效的措施加以控制。不恰当的处理非但不能缓和课堂气氛，还会使学生失去对教师的敬重，变得散漫和混乱。

3. 新教师上课的紧张怯场、教学经验的匮乏、语言的生硬死板以及种种原因，导致他们对于课上一些意料之外的回答或者学生的诡辩等突发情况感到措手不及。如长此以往不能机智地应对，教师在学生中的威信会有所减弱。

4. 言表风度是指教师在课堂教学中的言谈举止、姿势表情所表现出来的稳定的行为特征。新教师表情呆板，身体僵硬，缺乏手势眼神的交流，下意识的小动作和不自觉的口头禅会间接导致学生负面习惯的养成，也不利于课堂教学。

三 教师解决方法

1. 增强自信心，克服紧张的心理。认真备课，精心合理的教学设计，甚至多次提前模拟上课，可以很好地修正不足之处。到真正上课的时候心里有数，从而增强自信心。

2. 精心设计开场白，给学生留下美好的第一印象。教师第一次见学生时给他们留下的印象是深刻的，一般来说影响的时间会很长。当然在日常授课时的开场白也很重要，能够抓住学生的注意力，从而整体提高课堂效率。

3. 充分发挥学生的主体性。新课程改革强调，教学是师生交往、积极主动、共同发展的过程，在这个过程中教师与学生分享彼此的思考、经验、方法和知识。交流中教师主动充分观察学生，关注他们是否参与并且表达自己的想法，关注学生的感受和意愿，关注学生对学习方法的掌握程度以及能否举一反三，等等。教师不能单纯地灌输知识，要成为学生学习的引导者、促进者与合作者，与学生平等交流与对话，引导学生健康和谐地成长。

4. 不断提高专业素养和整体素质。增强教学基本功，熟练掌握教学常用技能，如课文导入、课堂提问技能、组织教学技能、板书技能等。这对新教师的不断成长和成熟有很大的帮助。

四 反思与建议

新老师应工作认真、勤奋好学、踏实肯干、服从分配，尊敬指导教师，虚心请教，听取他人意见。能将所学理论知识与实践结合起来。同时，与同事和谐相处，具有敬业精神和良好的师德。

（收集者：顾思辰）

35 布置作业的艺术

一 典型案例

某新教师常常为了该如何布置作业,布置多少作业,布置什么作业而苦恼,而家长对于其布置的作业反应也比较强烈,有的认为作业太多,有的认为作业太少,有的认为太难,有的认为太容易……

二 原因分析

新教师刚走上工作岗位,缺乏教学经验,对学生的情况不熟悉。

三 教师解决方法

(一) 作业要有趣味性

捷克教育家夸美纽斯曾说过:"兴趣是创造一个欢乐而光明的教学环境的主要途径之一。"所以教师在设计作业时不仅要考虑教学的需要,还要充分考虑教学角度的需要,更要充分考虑学生求奇、求新的心理特征,善于挖掘语言教学中的"趣",努力提高作业的趣味性,这样才能牵动学生的注意力,唤起学生内心强烈的学习愿望。当学生对作业产生兴趣时他们就不会把作业当成一种负担,而会积极主动地去完成,而且知识也掌握得迅速和牢固,趣味性是激发学生创造力的原动力,只有这样学生才会主动积极地去完成作业。

(二) 作业要具有针对性

教师要避免"题海战术",设计作业时要针对教学内容和学生实际情况,不能一概地做无实效性的作业。作业设计的内容要紧密结合学生所学内容和生活实际。不搞统一形式,允许存在多种类型的作业方式。

（三）作业要有层次性

层次性是指作业内容要由浅入深，由易到难，循序渐进体现教学内容的层次，适合基础不等、思维能力层次不同的学生，让学生体验成功的欢乐，从而增强学生的自信心和乐观向上的积极心态。这是人健康发展的起点。由于学生的身心健康受诸多因素的影响，存在着差异，要想让不同层次的学生都能获得成功的体验，使他们都有“露一手”的机会，必须采取作业分层的策略，让不同层次的学生自由选择适合自己的作业。

四 反思与建议

在布置作业时不仅要采取多种作业形式，还可以考虑不同程度的学生。人们常说：世界上没有相同的两片叶子，学生也是，没有学习状况完全一样的两个学生，所以老师可根据班级学生的具体情况布置情况不一样的作业，让优等生“吃得好”，中等学生“吃得饱”，能力弱的学生“吃得消”。这样，程度好的学生不会因为作业简单提不起学习兴趣，程度差的学生也不会因为作业太难而放弃做作业。因材施教、因人而异的作业形式能够从学生实际出发，大大提高学生对作业的兴趣。

36 缺爱的儿童

一 典型案例

在管理学生方面,新教师会遇到很多不同的问题,因为学生具有个体差异性,所以新教师对每个学生进行了解是必不可少的。梁老师所带的班级中有一个孩子小D,父母双亡,与奶奶相依为命。小D同学从来不按时完成作业,上课思想不集中,做作业总是很慢,不爱动脑筋,回家后更是什么作业都不做。

二 原因分析

小D是失去父母的孩子,缺少父母的关爱与交流,容易产生自卑、孤独、偏执、冷漠、意志薄弱等心理问题,久而久之,这些不良的情绪会导致他厌学心理的产生。要改变这类孩子的心理问题,最好的办法是注重培养他们的学习情感,积极的情感是学生学习的内生动力和不竭源泉。

三 教师解决方法

面对班级之中的特别学生,需要班主任老师对他们倾注特别的爱,正所谓"特别的爱给特别的你"。

对于这一类学生,梁老师说:"没有教不好的学生,只有不会教的老师。"的确,孩子是需要用爱心和耐心去感化的。梁老师曾多次找小D谈话,了解他的想法。他答应老师做一个好孩子。后来无论是在学习上还是在遵守纪律等方面,每当他有一点进步,老师就及时给予表扬和鼓励,让他感受到老师的关心。此外,老师还及时进行家访。家中上了年纪的奶奶平时忙于各种农活,没有太多的时间照看他,但在奶奶眼中,他还是个懂得分担家务的好孩子。由此可见,没有对其深入了解也看不到一个孩子身上特别的闪光之处。为了提高他的学习成绩,老师还给他安排了一个有责任心、学习成绩较好的同桌，目的是发挥同伴的力量，督促他，帮助他进步。慢慢的，在自己的努力和同学的帮助下，他的学习积极性也渐渐提高了，成绩有了很大的进步。

四 反思与建议

抓住机会，不怕失败，勇往直前。新教师经验不足，工作做不好不要怨天尤人，要创造机会，争取机会，千方百计地抓住机会别让它丢失；要热爱自己的工作，并且还要时刻保持良好的心态，为学生树立健康、积极、向上的榜样，用教师魅力感染学生；关心爱护学生，关注学生个体差异，做到“因材施教”。

37 课前、课中、课后三部曲

一 典型案例

新教师在备课时容易出现一些问题，比如高估大多数学生的认知水平，总认为教材简单；传授知识不注重构建教学支架；备课缺乏科学性、合理性，课后没有及时反思、总结经验。

上课容易紧张、慌乱，自信心不足。不善于组织教学，过程不流畅，无法调动学生的兴趣，发生突发状况时无从下手，应变能力差。一味地注重"教"，不善于发挥学生的主体性。

在工作中还可能面临：与家长沟通困难，家长不配合；个别学生管理困难；班级纪律松散，状态不佳；等等。

二 原因分析

不可否认，新教师对待备课工作是很认真的，但是由于缺乏备课经验，缺少对学生的研究和了解，或者是对备课工作在认识上有偏差等原因，导致新老师在备课和教学时出现问题。

三 教师解决方法

端正思想，高度重视。新教师在备课时要精心准备课件，教案尽量详细，课件制作好之后要熟练操作，保证课件能在课堂上与教学活动有机结合。

备课要科学合理，充分到位。在备课中，新教师不仅要关注教学内容，还要注重教学目标、教学方法、课堂问题与板书等，课后及时反思总结，避免下次的教课产生失误。讲课时，要克服紧张心理，增强自信心。首先，要认真备课，熟练阅读教材和教案；其次，要适当降低自我期望值，对自己不要要求太高，摒弃杂念，以轻松心态讲课;最后,加强自我心理调节,进行自我暗示。

课堂中,新教师不仅要注重“教”,还要注意学生的“学”,充分发挥学生的主观能动性,树立正确的教学理念。

四 反思与建议

教师应坚持学习,不断提高自身修养和能力,树立终身学习观。重视细节,穿着得体,谈吐幽默,言行大方不造作。

上好见面课,迈好第一步。新教师应根据学生的实际情况精心备课,设计出精彩的教学方案,给学生留下美好的第一印象。

关注课堂,关注学生,公平公正对待每一个学生,尊重学生的个别差异,切实落实教师的职业道德。

树立素质教育观、全面发展的学生观以及新课改的教师观,符合新时期新背景的现代教育。

38 不一样的小张

一 典型案例

小张,二年级学生,学习缺乏主动性,上课时注意力不集中,不能按时完成作业,缺乏耐心。性格倔强固执,不和同学交流玩耍,喜欢独自一人,缺乏自制力。有依赖和懒惰心理,聪明但不爱动脑。爱哭,常常想念爸爸、妈妈。

二 原因分析

由于父母离异,该生从懂事起就缺少母爱,爸爸又忙于工作,对其缺乏管束,导致该生凡事随心所欲,过于放纵。奶奶对其特别宠溺,衣来伸手,饭来张口,缺乏自理自立能力,养成了依赖别人的惰性心理。由于家庭原因,她失去了童年许多的快乐。

三 教师解决方法

1. 给予小张更多的关爱和尊重。在课堂教学和班级各项活动中,尽可能多关注她的言行及心理变化,常常与她谈心。

2. 鼓励她多与其他同学交往。家庭残缺易造成她性格孤僻,通过与同龄人交往,在某种程度上填补感情空白,转移注意力。

3. 帮助她理解父母离异的决定,每个人都有权力决定自己的生活,父母也一样,培养她的独立意识。

4. 激发她对生活与劳动的热情,当她表现好时,及时给予表扬与鼓励,帮助其建立信心。

四 反思与建议

1. 向书本学习，新上岗教师应认真学习新的《义务教育课程标准》，结合学科特点，加深对教材的理解，多阅读教育教学书刊，增加自己的文化底蕴，提高自身修养。

2. 向同行学习，多向有经验的教师咨询请教，积累学生管理经验。

3. 向专家学习，很多教育网站有专家讲座，课堂教学实录，教学设计，学生管理等内容，随时点击都可以学习。

（收集者：姜懿）

39 “小皇帝”

一 典型案例

教师的工作具有复杂性，总要面对很多不确定因素。与学生的相处、与同事的相处、与领导的交流及与家长的沟通等各方面都可能会出现困难。作为新教师，与家长的沟通是最有可能出现困难的。

班中小蒋的父母就常常让班主任感到头疼。小蒋是一个活泼好动的孩子，总是喜欢和同学打打闹闹，有好几次都把别的同学弄伤或弄哭。有一次，小蒋把另一个同学打哭了，该同学头上鼓起了一个大包。班主任通知了双方家长，被打孩子的父母比较通情达理，带孩子去医院检查后确认无碍，让小蒋道个歉就可以了。而小蒋的父亲却不承认自己的孩子会打人，认为是对方的孩子先惹到小蒋的，不仅不肯道歉，还指责班主任管理工作没有做好。

二 原因分析

小蒋父母这样的例子其实不多，属于个例，但是，一个班级里面只要有一个这样的家长就很让班主任头疼。据了解，小蒋的父母自身文化素质不高，仅有初中水平，但是通过奋斗，创业开了家具厂，生活富足，因此对小蒋百般宠爱。加之父母工作过于繁忙，平时小蒋的日常生活都是爷爷奶奶在照顾，正因为这样，才养成了小蒋“无法无天”的性格。虽然在学校小蒋对老师还有所忌惮，但只要一离开老师的视线，“小皇帝”性格就暴露出来了。

三 教师解决方法

在处理不是很严重的问题时，班主任都是对小蒋进行思想教育，让他认识到自己的错误，然后让小蒋向同学道歉。但这一次的问题比较严重，所以班主任通知双方家长，班主任首先询问小蒋事情发生的原委，小蒋因为父母被叫到学校，也认识到了事情的严重性，所以就说出了事情的真相，承认自己做错了。小蒋的父母看到自己的孩子承认了错误，第二天就带着礼物向被打伤的男孩子道歉。班主任也将小蒋在校的情况向小蒋的父母进行了说明，也建议家长平时不要过分溺爱孩子，要规范小蒋的日常行为，其父母也接受了老师的意见。

四 反思与建议

作为新教师，会遇到很多的问题；很多家长会不信任年轻的教师，认为新教师没有经验，所以会不把新教师放在眼里。因此新教师要建立自己在家长面前的威信，在处理学生之间的问题时，要有理有据，考虑周到。在处理比较重大的问题时，可以咨询有经验的教师，只有处理得当，才能够得到家长的信任。

40 都是家校联系单惹的祸

一 典型案例

新教师在工作中面临的难题很多,包括家校联系、学生管理、班级管理、教学方面等。李老师刚开始任教的时候,就因为没有解决好家校联系的问题,仅仅是为了填写一份家长联系单,有些家长不得不从家中赶到学校,这引起了许多家长的不满。

二 原因分析

1. 教师通知不到位,未能将完整意思传达给家长,家长接收信息不全或理解有误。

2. 教师与家长缺乏沟通,教师将重心放在对学生的教学上,在与家长的联系上有所疏忽。

3. 学生传达存在问题,家长接收孩子从学校带来的信息,但学生未能理解老师的意思,在转述中出现了差错。

三 教师解决方法

1. 教师应认真仔细,反复确认,将信息正确地传达给家长,并得到家长确认的反馈。

2. 教师应积极与家长进行沟通交流,及时更新学校及学生的消息,让家长知道学校的活动。

3. 教师不应只将工作重点放在学生身上,把一部分的时间放在与家长沟通上,让家长进行正确的家庭教育,有利于学生的全面发展。

4. 教师应接受专门培训,观察和分析优秀教师的教学活动,总结出适合自己的家校联系的管理方案。

5. 教师应总结自己的不足之处，成为反思的实践者，做一名终身学习的教师。

四 反思与建议

教师应利用自身的魅力，吸引班级孩子的注意力，确保上课效率；充分研究教材和学生，遵照教学目标；精心备课，做到教学"五环节"；课后积极反思、整理。

教师应多与家长进行沟通、交流。建立有效的家校联系，让家长理解教师的工作并积极配合，家校共同协作，促进孩子的进步，陪伴孩子的成长。

41 家校联系不简单

一 典型案例

在学校里，教师要处理的问题很多，大小事件的处理都要教师亲力亲为，包括班级环境的创设、学生口头作业的检查、教学中的突发事件等。但其中最大的问题还是家校联系。家校联系就像一根纽带，是将孩子、家长和老师的心相连的催化剂，让孩子、家长和老师的情感更加融合。

在见习班级中有个男生，不做作业却总是有借口：不会或是不见了。比如今天没有完成语文作业的预习单，借口是“新华字典不见了，没办法查生字”。这让任课教师很头疼，老师决定联系家长询问情况。通过交流了解到，孩子从小没有养成良好的学习习惯，总是边写边玩，注意力不集中，自控能力差。此时，任课老师就建议家长及时督促孩子学习，先让其养成良好的学习习惯，然后再慢慢放手，让孩子自己做作业，自己检查。这看似简单的一件与家长联系的事情，对于一位刚上岗的教师来说，却并不容易。

二 原因分析

（一）新教师适应岗位速度较慢

新教师面临着从学生向教师转换的岗位适应是产生焦虑的根本原因。一方面，想把所有工作都做好的主观愿望与工作经验欠缺的现实差异，令新教师面对家长时显得底气不足；另一方面，以前单纯的学生生活与目前繁杂的工作事务之间的差距，令新教师在千头万绪之间感到紧张。

（二）家长对新教师信任度低

相对于老教师，家长对新教师的信任度比较低，往往愿意和经验丰富的教师进行交流。家长的这种态度会打击新教师的自信心，使他们产生“家长比较挑剔”的想法，在面对家长时容易退缩。

(三)负面体验令新教师产生畏惧心理

理想与现实的差异,往往会让新教师一下子无法适应性格迥异的学生和需求不同的家长,这些又使得新教师无法全面深入地了解学生,更无法回答家长的种种问题。这种工作难以成功的负面体验让新教师产生畏惧心理。

三 教师解决方法

(一)把握面对全体家长的有利时机——家长会

家长对新教师的第一印象就从第一次家长会开始。所以,新教师要提前做好功课,从个人的仪容仪表到家长会的具体内容和教师语言,都必须提前做好充足的准备。这能让家长感到教师的专业素质和认真态度。

(二)把握和家长手牵手的每个契机——个别交流

新教师可以利用平时接送的时间和家长进行短时间的个别交流。在个别交流的过程中,尽量关注孩子的个性特点,多赞扬孩子的优点,同时对不足的地方提出希望,让家长感觉自己的孩子是受到重视的,教师都是专业的,从而更加信任新教师。

四 反思与建议

新教师应快速调整心态,完成从学生到教师的角色转化,冲破自我封闭,主动适应学生,及时深入反思教学并不断加强自身学习,不断求知,敢于实践。

总之,梦想的实现,不仅需要激情,还需要踏实的工作和努力的拼搏!

(收集者:金凯文)

42 “问题学生”小A

一 典型案例

五年级某班的男生小A是个典型的“问题学生”。他上课从来不听讲，经常看课外书或和周围人讲话。放学从不记录回家作业要求，还告诉自己的同学绝对不要告诉他的家长当天的作业。写作业时，还没写满两分钟，就开始发呆或者看课外书。考试只有二三十分，严重拖班级后腿。对于老师和家长的批评，从不当一回事。讲道理说不通，喜欢狡辩。小心思、歪理、借口特别多，所以让老师特别生气。还曾用“不吃早餐”来胁迫家长给他买手机。

二 原因分析

该生有严重的厌学心理，不想上课，不想写作业，只想让父母满足他的各种要求。

三 教师解决方法

1. 单独把小A从班级里叫出来，在办公室给他安排了座位，让他一直在办公室补作业，单独辅导他的学习，教导他学习的方法。

2. 与家长紧密联系，做好两头工作，让家长对他加强管理，平时不允许他再玩手机，课外书只能写完作业再看。但是，不要一味地责骂，应该注意批评与鼓励相结合，付出更多的耐心。

四 反思与建议

教师的解决方法，效果不佳。具体体现在：该生在办公室补作业，老师只要离开一会儿，或者没有时刻盯住他，他就会走神、发呆，甚至跑到办公室外闲逛。在家不听妈妈的话，爸爸的话能听一些，但是在写作业时，就算家长陪读，他还是会写几分钟就发呆，或者看题时间非常久，做题速度极慢。成绩还是没有提高。

因此，我们提出以下几点可行的建议：

1. 教师要摆正心态，每个班都会有这样的“问题学生”，老师自己不能因此大动肝火，伤了身体。

2. 要灵活应变，不能一味批评，也不能只是“爱的教育”，应将两者机智结合。

3. 家长与老师常沟通，共同寻找合适的方法来解决问题。

43 好动的小林

一 典型案例

四年级学生小林，属于留守儿童，虽然比较聪明，但上课时，他不是搞小动作，就是转到后面拿别人的东西，搅得别人也没办法安心上课。作业不是没有完成，就是马虎应付；除此之外，打架、骂人时有发生；还喜欢随随便便拿其他人的东西，同学们对他意见很大。

二 原因分析

小林同学虽然调皮好动，缺乏自我控制能力，意志力不够坚强，但喜欢被表扬，自尊心很强，爱面子。如果做他喜欢的事情，他都能出色完成。因此，小林本质不坏，只是属于比较调皮好动的孩子，如果采取适当的心理治疗，他一定会成为一个品学兼优的好学生。

三 教师解决方法

首先，老师找小林谈话，指出他身上的种种优点，帮助他建立克服困难的信心，与他建立密切的师生关系，努力为他创造成功的机会，让他尝到成功的甜头。平时注意捕捉他身上的闪光点，有进步时及时表扬，发现缺点诚恳指出，帮助他改正缺点，培养顽强的意志，学会自控。

然后，老师又针对他心理上的种种问题，进一步制定了切实可行的措施。老师先是召开了班干部会议，分析了小林的种种情况，指出了他近来表现的进步之处，要求大家发现他身上的优点，对他的缺点要善意地、耐心地指出，并给予帮助，不要伤了他的自尊。

在做好小林的思想工作后，老师又召开了班会，让他在班会上勇敢摆出自己的问题，并真诚表示希望同学们能帮助自己改掉各种毛病。随后，老师说："同学们，小林有勇气提出自己的不足，并请求大家的帮助，这是对大家的信任，让我们用掌声鼓励他，谢谢他对我们的信任。"

在掌声中，小林异常激动和高兴，平时与他打架的同学也都与他重归于好。

四 反思与建议

小林同学进步很快，还当上了值周班长、升旗手。老师交给他的任务都很努力认真地完成。在完成任务中，他和搭档配合得非常好，受到了大家的称赞。多次的成功，使他找到了自信、自尊，缺点改了不少，自控力增强了，学习成绩也提高了。

在对这种调皮好动的学生的教育中，要注意几点：

多寻找原因，对症下药；多一份爱心、耐心和关心，和他们做朋友；多创造一些成功的机会，帮助他们树立信心；多与家长联系，密切配合。

44 家校沟通学问大

一 案例分析

小明今年二年级，他的班主任也有十余年教龄了。该教师的特点是比较专断，她希望家长跟着她的思路走，不善于和家长沟通，但在教学方面很优秀，专业知识也很丰富。由于不会和家长沟通，时间久了，该教师和家长的分歧越来越大。

二 原因分析

家长对于教师的不信任，以及教师自身素质的欠缺，不善于与家长沟通，导致了教师与家长之间的矛盾不断升级。

三 教师解决办法

1. 与家长相互尊重，相互信任。教师要先去尊重、信任家长，才能得到家长的尊重和信任。

2. 与家长保持平等的关系。教师要接受家长的意见和批评，不能实行“专权”，双方保持平衡，才能帮助学生更好的发展。

3. 每学期至少一次家访，对于比较特殊的学生，可以定期家访，走进学生的家，了解他们的家庭生活，就会方便地找到与家长沟通的角度和话题。

4. 教师应该掌握与不同的人的沟通方法。家长来自各行各业，文化层次、家庭背景、心理差异很大，家长对学生的要求和期望也是多层次的。

四 反思与建议

做老师首先是心甘情愿的，是自己的兴趣所在，对教育事业应该怀揣一种理想，对待教育工作必须秉持一份理智。在此基础上，不动摇，不懈怠，做好每件事。

作为一名班主任，首先要努力形成自己的班级管理思想和理念，其次要尽快地总结出实用的班级管理智慧和技巧，最后要执着于生命的关照和人文关怀。

45 新教师学习库

一 典型案例

(一) 与家长的沟通联系是一个难题

学生在家学习时间不少于在校学习时间，若教师与家长缺乏有效的交流，就不能更好地促进孩子的发展，尤其体现在学习成绩方面。

(二) 进行有效的学生管理是一个难题

在课堂中，由于新教师的课堂经验不够，一旦引发了学生的兴奋点，很难控制住场面。教师在学生管理过程中，只知道使用“不要吵闹”之类的字眼，这不仅没有效果，而且还容易让其他学生的注意力转移到目标身上。这间接导致了课堂效率的下降或者无法完成教学目标等情况。

(三) 课堂教学设计不够多元化

新教师手上的案例和样本很少，又缺乏经验，所以很难设计出既达标又丰富的教学内容，很容易出现学生对所学不透彻、对课文理解不深刻、对知识把握不全面等问题。而这些问题的处理则需要借鉴老教师的经验，更需要自己刻苦钻研。

二 原因分析

教师往往具有多重身份，而面对多重身份，新教师常常难以兼顾。有些新教师会被委以班主任的职责，既要负责教学又要抓班级建设，对新教师来说无疑是个难题，很多新教师对此心有余而力不足。

三 教师解决方法

(一) 家校联系

新教师的语言、思想都是比较新颖的，有自己独到的见解，可能与传统家长的交流存在困难，这就有可能导致家校联系问题的出现。教师在与家长的沟通中一定要注意措辞，不能过于情绪化。如遇到难沟通的家长，可以向资深老教师请教。对于不同类型的家长也要有不一样的状态，比如对待隔代养育的家长需要显得谦恭一些，对于单亲家庭的家长则需多提正面的现象，鼓励孩子和家长。

（二）学生管理

首先，新教师刚入职时，往往经验不足，也缺乏应有的威严和气势。其次，新教师尚处于理论熏陶和概念对照的阶段，迁移能力有待改善，需要在长期与学生打交道的过程中领悟出适用于自己的一套路子。再次，新教师要学会因材施教，对个别同学进行单独谈话。最后，新接手一个班级的时候，必须定好规则，且一视同仁，这样日后才能有效管理。

（三）教育教学

新教师以往接触的都是一些优秀的教案，自身对于教学设计方面没有足够的实践机会，对于教案设计存在各方面的失误，比如时间控制、师生互动、重难点把握等。但是核心是不能出错的，教学设计要紧紧围绕三维目标。认真做好教学反思，也是新教师成长的重中之重。

四 反思与建议

1. 新教师走上工作岗位后一定要注意仪表风度，重视细节小节，说话幽默风趣而不枯燥乏味，关注学校班级要事。

2. 及时做好由大学生向新教师的转换工作，尽快适应新的工作环境。以教师的基本要求约束自己，用教师的标准衡量自己。

3. 练好教学基本功，与时俱进，精通教学媒体。订阅教学参考用书，扩展知识面。研读课程标准，精心设计教案。

（收集者：夏磊）

46 合作的进步

一 典型案例

每个学期开始,教师都会组织学生学习学校及班级管理制度,要求学生严格遵守,也要经常深入班级调查了解学生的思想动态和学习情况,并在每周的班会上对班里存在的问题进行分析并提出要求。但是班上依然存在不能按时交作业、填资料或者不扫地等现象。新老师通过和其他班主任交流管理班级的心得以及上网查阅班主任管理方法等方式,改变了自己管理班级办法,并着重培养班干部的管理能力,一段时间后,班级班风、学风都发生了明显变化。

二 原因分析

新教师常常期望用规则来束缚学生。其实在很多时候管理学生不能完全靠规则。规则是死的,而人是活的,规则是靠人来制定的。因此教师应该依据班内的情况适当地修改规则,使其为学生的发展服务。

三 教师解决方法

1. 关爱每一个学生,深入实际,了解学生的学习、生活、思想动向、家庭状况、个人秉性、个人好恶等情况,并且与学校、家庭结合,教育感化学生,对学生多一点理解和尊重,多一点支持和信任,多一点表扬和鼓励,多一点体贴和温暖,使学生“亲其师,信其道”。

2. 以满足学生的发展为目的,有目的地训练学生进行班级管理的能力。面向全体学生,发展全体学生,实行班级干部轮换制,发扬学生在班级自我管理中的主人翁精神,让每个学生都有锻炼的机会,并引导学生学会与人合作,把班集体作为学生自我教育的主体,让学生的潜能得到尽可能的开发。

3. 控制情绪,做好学生的心理疏导工作。处理班里的问题时,要明确目的,寻根问源,克制情绪,灵活方法,尊重学生的人格和自尊心,充分考虑学生的心理要求,做好学生的思想工作,帮助学生化解心理问题,引导学生认识自我,培养学生的自我控制力。

四 反思与建议

1. 基本功练习要坚持不懈,以身垂范,给学生呈现准备充足的教学内容。
2. 拓宽视野,丰富学生的见识和经历。
3. 专业方面追求卓越,不忘初心。

（收集者:杨曼）

47 备课问题多

一 典型案例

新教师在备课过程中常常会出现这样或者那样的问题，主要有以下几点：

1. 低估教材，高估学生。新老师认为教材内容过于简单，无须深入研究和探索，从而产生轻视的思想；新老师往往缺乏对学生的认知水平和知识掌握度的了解与分析。

2. 备课缺乏科学性和合理性。新教师对讲课内容过度关注，教案写得过于详细，甚至课程导入等环节都写得很细致，但对教学中应该完成的目标、教学方法与手段的多样、教学的进程考虑得很少。

3. 缺乏课后的反思与总结。新教师在课后的反思和总结方面做得不够到位，没有针对课堂实际，因而不能从自己亲历的教学中吸取经验，总结教训。

二 原因分析

新教师由于缺乏工作经验，导致备课存在很多问题。此外，还有部分新教师对备课不够重视。

三 教师解决方法

1. 端正思想，重视备课。备课是上课前的准备工作，是上好一节课的重要前提和保证。对于教学活动来说，没有课前的精心准备，上好课就成了无本之木，提高课堂教学效果就成了无稽之谈。而对于当前的教学来说，备课最主要的就是落实在教案上。对新教师来说，由于对所讲内容不太熟悉，语言表达能力有所欠缺，所以教案要尽量详细，为上课做好充分准备。

2. 备课要科学、合理。新教师在备课中，不仅要注重教学内容，还要注重与教学相关的其他方面,如教学目标、教学方法和板书设计等全面设计教学活动。

3. 备课要充分、到位。在模拟上课时,可以让其他人员做学生配合,请其他教师指导,或将自己的试讲过程录下来,反复播放,寻找不足。新教师若能这样反复准备,肯定会在很大程度上避免课堂教学中的不足。充分的备课对新教师迅速提高教学水平,缩短上岗适应期将会产生显著作用。

四 反思与建议

1. 态度决定一切。要真心热爱教师这份职业。

2. 为自己制订计划。坚持写教育随笔,确立读书计划和教育教学计划。

3. 学会处理四种关系:第一,与学生的关系,不要迁就学生,一碗水端平,换位思考;第二,与领导的关系;第三,与同事的关系;第四,与家长的关系。

(收集者:周梦露)

48 智斗女生"小团体"

一 典型案例

班中的小李、小徐成绩优异，很要强，是各方面都很出色的女生，两者关系一直不好，班中存在以她俩为首的两个女生团体。而后来的一件事，更是成了激化两者矛盾的导火索：小李、小徐都想竞选校大队委员，结果小徐当选，小李落选。小李知道后，在班中放言："她不配！"而小徐看似不动声色，暗中则将小李团体中的一名女生邀入自己的团体之中，并让自己团体的人都孤立小李。后来经老师了解，小徐之前一直利用自己的职务之便存有私心：比如在她值日时，一律不给自己团体中的人扣分；但对那些反对自己的人，她则寻找机会扣分。

二 原因分析

（一）客观原因

小李、小徐都是高年级的学生，她们正处于由儿童期向青春期过渡的关键期，处于心理发展的骤变期。她们的自我意识、独立意识迅速发展，情绪多变、情感丰富，对人对事都十分敏感。在交往方面，这一年龄的孩子之间的友谊有了一定的稳定性，但也具有强烈的排他性、独占性。这一时期的孩子都希望和最优秀的人交往。

（二）主观原因

小李与小徐都是班中最优秀的女生，她们又十分好强。因此，当看到有人比自己更优秀，或是别人得到了唯一的机会时，就不可避免地产生了嫉妒心理。

三 教师解决方法

1. 分别与两位学生以及其他学生谈话了解情况，深入与小李和小徐沟通，因势利导，循循善诱，让她们明白：作为班级里的班干部要起到共同带动班级的作用，不能滥用职权。要学会欣赏同学,正视他人的优秀,竞选失败也不能灰心,要正确看待得失。

2. 向小徐同学的家长反映相关情况,家校合作,共同引导。

3. 正确对待班级中的小团体,既要支持他们的正当活动,又要做必要的引导。如:将小团体转化为学习互助小组等。

四 反思与建议

高年级的学生中,不可避免地会出现这种“小团体”现象,同学之间也更容易产生矛盾。遇到这类问题,需要妥善处理,教师尤其要注意:

1. 一味排斥、强行施压只会加深学生与教师之间的对立情况,不利于班风的建设。

2. 教师要了解和尊重学生,与他们接近,同他们交流,充分利用教师的权威和人格魅力,坚信学生是可塑的,平时要多关注学生的心理变化,了解学生情况。

3. 在教育教学工作中不要忽视对学生的思想品德教育。在班中形成团结友爱的氛围。

4. 可以适当利用“团体”中领袖人物的领导,树立恰当的榜样,共同参与班集体建设。

(收集者:严慧)

49 心平气和促沟通

一 典型案例

一个淘气、不听教育的男生小旭在课间把邻班一名男生的头打破了，血流满面。王老师十分惊慌，一边让邻班班主任处理伤口，联系医院，一边给家长打电话。小旭是留守儿童，跟爷爷奶奶生活。小旭的爷爷接到王老师的电话后，只怒气冲冲冲地丢下一句“我没空!”便挂了电话。受伤学生的家长扬言：对方的家长不来就要打小旭。面对受伤学生家长的失控情绪，王老师束手无措。

二 原因分析

双方家长之所以都不满意，是因为王老师没有采用恰当的态度、语言、行为去沟通。

三 教师解决方法

1. 先对受伤学生家长进行道歉。用小旭家长的角色道歉、安慰，安抚家长情绪。

2. 耐心地与小旭的爷爷沟通，让他不要太着急，毕竟属于比较大的事情，请家长来学校，详细地了解情况协助处理。

3. 沟通态度很重要，心平气和，以孩子师长、亲人的角色沟通交流，让受伤孩子的家长感受到关心，让伤人学生的家长感觉教师的做法合情合理。

四 反思与建议

1. 每个孩子的家长都认为自己的孩子是最好的，所以沟通要有技巧，不要直接指出孩子的问题,要先讲一讲孩子的优点,为沟通拉近距离。

2. 放低身段,不要给家长以高高在上的感觉,让他们感受到教师对学生的关心,让学生感觉教师是个有原则的知心姐姐。

3. 严格班规,严格要求要从小事做起;不随便提要求,要求了就必须做到,并且教师要做好反馈工作。

(收集者:桑宇晨)

50 孩子你慢慢来

一 典型案例

小江,男,三年级学生。他学习成绩较差,曾在一年级留过级。据其班主任反映,要纠正小江的问题十分困难,且小江的动作比普通学生慢很多,写字时常常是手在写,眼睛不看本子,因此书写非常凌乱。与同学关系紧张,常常打架,经常偷同学、老师的东西,给班主任的班级管理带来诸多问题。

二 原因分析

根据小江母亲反映,经过有关部门检测,小江智商比正常学生的智商略低,属于轻度智力落后儿童。

三 教师解决方法

1. 像对待其他孩子一样对待小江,一视同仁。

2. 对小江多些宽容和理解。因为小江智力和适应性行为水平均低于普通正常儿童,他在学习及班集体活动中都落后于其他同学,有时其不当的行为,还可能会影响到班集体的荣誉。这时教师不能责怪学生,更不能因为孩子持有智力残疾证成绩不列入班内评估而忽视他,而应对他多些关注,耐心、细致地指导其行为。对其点滴进步都要及时给予强化,帮助孩子获得成功的体验。

3. 教育班集体接纳、关爱小江。创设良好的班级氛围,为其发展创造良好的外部环境。

4. 对其打人、偷东西等行为,教师应及时指出,并明确地告诉孩子,该行为是错误的;与家长进行沟通,形成家校教育合力,共同帮助孩子。

5. 从激发兴趣入手,利用孩子原有兴趣,采用多种教学方法,帮助小江更好地投入学习中。

6. 创造条件,为小江提供更多的练习机会,鼓励他多表达。

四 反思与建议

1. 明确特殊需要学生的产生是不可避免的。特殊需要学生既具有一般学生的共性,又具有其特殊性。要用发展的眼光看待特殊需要学生。

2. 对智力落后学生要多些理解与宽容。引导班集体接纳、关爱智力落后学生,创设良好的班级氛围,为智力落后学生的发展创造良好的外部环境。

3. 在小学低年级,班主任要重点培养智力落后学生的基本技能,如:安静地坐着,注意老师,遵守指令,学会表达自己的想法等。

4. 在日常的学习及生活指导中,给智力落后学生的指令要简单,教他们做事时尽量采用直观方法,不仅要讲明基本程序,还要提供可参照的模板和身边的同伴榜样。班主任应创造条件为智力落后学生提供更多的练习机会,鼓励他们表达自己的想法。

(收集者:张舒媛)

51 纪律乃效率之母

一 典型案例

某刚入职的班主任A老师，在上第一节课前，花了10分钟给学生讲课堂要求，并重点强调了纪律。对于上课时讲笑话、做小动作、故意扰乱课堂秩序和不交作业等行为，他都制定了相应的惩罚措施。他讲话时中气十足，学生感到很有威慑力。之后的课堂上，他依据规定惩罚了几个不遵守纪律的学生，使学生逐渐能够遵守课堂纪律。一学期下来，他的课堂效率高、气氛活跃，得到了家长的一致好评。由此可见，在课堂上与学生第一次见面要先有理有据地提纪律要求，和学生约法三章，为今后形成良好的纪律氛围奠定基础。

二 原因分析

1. 学生不遵守纪律的原因有很多，如学习目的不明确，基础薄弱，对学习不感兴趣，上课不听或者是听不懂，自制力差等。

2. 教师未进行认真备课，课堂缺少趣味，无法吸引孩子的注意力。此外，当发现学生做小动作、接话茬、过分吵闹等现象时，教师未立即处理。

三 教师解决方法

教师不能嫌弃或疏远不遵守纪律的学生，应当用爱心和真情感化他们。在课堂上要多关注他们，并多给他们回答的机会。收集一些美文名言、警句、励志故事等让这部分同学朗读，这样既可以提高学生的朗读能力，也可以吸引他们的注意力。

在上课之前认真备课，悉心钻研教材，设计能够吸引学生的教学过程。

四 反思与建议

有研究表明，在民主的师生关系中，教学氛围活跃，学生精神振奋、心情愉快。可见，只有建立民主、平等、合作的师生关系，学生才乐于参与教学过程，才能有良好的教学效果，从而保证课堂效率。然而要想建立民主的师生关系，管理好班级纪律是最基础的。教师发现班级存在坏风气时，应当及时制止。当然如果教师长时间使用一种方法，这种方法就会对学生失去作用，所以，教师应该根据不同的情况，选择恰当的方式方法。

52 一把钥匙开一把锁

一 典型案例

某校一年级的李某是最让老师头疼的一名学生。该名学生不管是课下还是课上,总喜欢和同学各种打闹。上课时,只要老师一提出问题,他总是不经过思考就举手回答,大部分时候,他的回答是错误的。不过,在语文课上,他的行为会稍微收敛些(可能因为语文老师是班主任)。另外,李某喜欢趁老师不注意时偷偷地吃东西,或者是去拿周围同学的文具。

二 原因分析

班主任根据其他任课老师的反映,以及和李某妈妈的交流,得知李某有严重的多动症。多动症孩子有以下特征:注意缺陷,活动过度,好冲动,情绪行为障碍,认知障碍,学习困难,作业拖拉,注意力不集中;经常出现手脚多动或在座位上扭转不停,难以专注地完成某件事;做作业或游戏时,注意力不能持续集中,经常干扰其他孩子;平时讲话过多,他人讲话时,经常插话或打断,别人和他讲话时经常心不在焉,似听非听;对提问经常反应迟钝;难以排除对立情绪,理解困难,经常不能完成作业;在学校或家中经常丢失东西,如丢失玩具、笔、书和作业本等;经常出现冒险性行为而不顾后果,如盲目在大街上奔跑。

三 教师解决方法

班主任得知李某妈妈经常性地打骂李某后,明确地告知家长,要首先认识到多动症是一种疾病,不能歧视、打骂多动症患儿,更不能侮辱其人格,损伤其自尊心。要发现其品质中的闪光点,并及时给予表扬和鼓励。但对孩子的打架伤人等攻击性行为、破坏公物等破坏性行为以及说谎逃学等不端行为,应像对待正常儿童一样坚决制止，不可袒护。

四 反思与建议

1. 培养多动症儿童的自尊心和自信心。对于这类学生，应耐心、反复地进行教育和给予帮助，消除他们的紧张心理，帮助他们提高自控能力。

2. 老师不要过于严格要求多动症的孩子。老师应该了解多动症的特点，对于多动症儿童，切莫像对待正常孩子那样严格。只要求他们的多动行为能控制在一个不太过分的范围内即可。

3. 多鼓励和肯定这类学生，减少他们的压力，让他们学会坚持。

4. 父母要恰当地对待多动症的孩子，既不能歧视、责骂或殴打他们，也不能以“病”为借口而过分迁就，使他们更加任性和好斗；既要耐心教育，又要严格要求。

5. 父母要主动与学校老师保持经常性的联系，相互反馈信息，共同促进多动症儿童的好转。

53 沟通的艺术

一 典型案例

赵老师担任班主任已经20年了,在这些年中令人印象深刻的教学实践案例有很多,回想多年前,作为年轻教师的经历依旧很难忘。其中一个案例,发生在当年赵老师任四年级班主任时,班上有个同学程某,他平时上课无精打采,喜欢做小动作,也不能按时完成作业,即便在多次督促下,作业完成也不够完整,书写相当潦草……每天都有任课老师反映他的问题。

赵老师曾多次找他谈话,希望他能遵守纪律,以学习为重,改正不良习惯。可他经常一副满不在乎的样子,口头上答应,而行动上却一如既往,毫无长进。当时,赵老师多次想放弃,但又考虑到自己是班主任,不能丢掉任何一名学生,又不得不一次次引导他。整个教育过程漫长而艰难。

二 原因分析

赵老师在一次与程某的闲谈中了解到,程某心里十分讨厌写字课老师,原因是写字课老师常常批评他。

三 教师解决方法

为了有针对性地做工作,赵老师决定先让他认识到自己的错误,因为该阶段学生有了人际交往方面的需要,他们渴望得到他人尊重和注意。对于写字课老师常常批评程某这件事,赵老师问:“老师为什么会批评你呢?”他说,因为他上课违反了纪律,没按时完成作业,书写不工整……赵老师耐心地说:“既然已经认识到自己的错误,说明你是个勇于认错的孩子,但是这还不够,你觉得该怎样做才更好?”在这种循循善诱下,他终于意识到自己的问题,并决心改正。后来,他无论是在遵守纪律还是学习上，都有了明显进步。

每当他有了一点点小进步，赵老师就会及时给予他表扬，不断激励他，使他感受到老师在注意他、关心他。他也渐渐明白了学习的目的，端正了学习态度，和老师的关系在交谈中更加密切。为了提高他的学习成绩，除了在思想上教育感化，赵老师还特意安排一个责任心强、成绩好的女生当他同桌，目的是发挥同桌的力量，并且叮嘱同桌不可以歧视同学，而要互帮互助、共同进步。

四 反思与建议

1. 开展感恩教育，使学生懂得爱，学会爱。在生活上关心每个学生，平等关爱，把爱注入学生心田。用宽容的方式让学生有愧疚之心也是有必要的，也使学生有改正的机会和动力。

2. “师爱”是教育教学中最基本的内容，教师在教育中给予学生人文关怀，循循善诱，帮助学生形成良好的道德品质，养成良好的行为习惯，进而使班级形成一种健康、积极向上的精神面貌。

3. 尊重学生，不远离学生，在谈话中站在学生的角度，以平等的身份换位、移情，可以让学生更好地接受教育，敞开心扉。要善用心理学依据，并且讲究说话艺术和技巧。

4. 宽容不代表放任与纵容，要做到严慈相济，把握好尺度，明确地给学生制定纪律，指导学生自觉遵守，发挥教师的作用。

5. 加强教师与学生家长的联系，充分了解学生的家庭情况和生活环境，有利于有针对性地因材施教，并且利于家校共同督促、教育学生。

（收集者：方思云）

54 “班老大”变形记

一 典型案例

二(3)班有一名很调皮的男同学。据班主任老师说,该生在小学一年级的时候,很喜欢动手打同学,几乎每天都有同班同学来告状。为此,班主任很是烦恼。该生身高较高,长得魁梧,经常依仗自己人高马大欺负其他同学。一年级时,人称“老大”,常组织班里的男同学一起去别的班级打人。班里的秩序被搅得很不好。家长们也经常反映该生带坏了自己的孩子,请求老师严加管教。而老师也觉得对这个学生很头疼,多次将其领到办公室进行教育,但也没有什么效果。

二 原因分析

班主任经过细致了解才发现,该生喜欢打人的主要原因:

该生是家中的“二宝”,且又是男孩。父母年纪渐长,“老来得子”,加上父母、长辈还有些“重男轻女”的思想,因此对这个孩子很是宠溺,全家对他的管束很少,经常纵容他的行为,时间一长,使得该生形成了骄纵的性格。在家中当“老大”,在学校里也想当“老大”,试图通过打人来使其他同学信服。

三 教师解决方法

1. 由于该生调皮、好动,老师就派他每天早上来办公室,帮助老师找同学订正作业。这样一来,不仅解决了该生喜欢打人的问题,还让他成了老师的小帮手。学生每天有事情可做,让他的心思从“打人”转移到帮助老师、同学上。一方面,培养了该生乐于助人的良好品德,使他与同学相处越来越融洽;另一方面,还激发了该生的积极性,使该生找到了自己的价值,更加热爱学习。

2. 与此同时,课上课下,多提点该生,让他感受到老师对他的关注和爱,让他更加感受到班集体的温暖。

四 反思与建议

1. 教学过程中，会遇到不同性格的学生，对待不同的学生要会“因材施教”。根据学生的家庭、学习、性格来制订出适合他的教育方案，要有针对性地把学生引到学习、班集体中来，通过措施使他潜移默化地改变缺点，提高道德素养。

2. 教师无论对什么类型的学生都要有耐心。真诚地对待学生，不要放弃学生，学生才能够感受到教师对自己的关心，会朝着教师的期望前进。

（收集者：洪贝儿）

55 亦师亦友

一 典型案例

冯老师依稀记得,在她实习期间,几个资深教师就对她说:“对待学生,一定要严,树立严师形象。不能笑着对他们,不然他们就会觉得你好欺负,现在的小朋友可会‘看人下菜’了。”冯老师听了前辈们的建议,在与学生接触时,很少对他们笑,一进教室就严肃起来。刚开始学生们都很怕老师的,可半个月后,有部分学生就开始搞怪了,课堂纪律也变差了,甚至有部分成绩好的学生也在私底下说老师是“母老虎”,觉得冯老师一点都不可爱。冯老师很困惑也很难过,新教师到底应该以什么样的姿态出现在学生面前才更好呢?

而在教学方面,教师的教学内容应该立足教材和课程标准,之后再超越教材,创造教材,可冯老师感觉自己是被教材牵绊,不确定哪些知识内容应该增加,哪里可以删减。比如说一年级的《秋天》,我们都知道“一”的读音不止一个,“一起”和“一块”中“一”的读音不同,叫作“语流变调”。其实在日常生活中我们会遇到这种情况,但是要不要给学生们扩展呢?他们会理解吗?

二 原因分析

新教师缺乏经验,老教师给予的经验往往不能灵活运用,甚至起到反作用。同时,书本知识难以联系实际,理论知识无法有效指导实践。

三 教师解决方法

每个教师都有自己的风格,有些适合走严肃路线,但有些更适合走亲民路线,所以新教师没必要跟别人一模一样,只要找到适合自己的风格,发挥自己独特的教学魅力,不断调整与学生的相处方式就可以了。但该严的时候得严,该给予学生关爱的时候，不要吝啬爱，做到严慈相济。

向前辈学习教学经验，不断反思。其实立足教材和课程标准，再创造教材是一个过程，这个过程体现着教师的成长。新教师不能要求自己一下子就能做到专家型老师那么专业，给自己成长的时间和空间。可以向同一科目的前辈学习，同时还可以找学生了解一些情况，做好学情分析。先要把“立足教材”做好，争取在不断的学习中能够掌握教材，最后才去创造教材，不能操之过急。

四 反思与建议

1. 教师这份职业，需要不断在实践中得到锻炼和学习，并不是拿到教师资格证就可以直接上岗去教学生的。新教师要勤向前辈学习，自己实际上手操作，不断动脑筋，不断反思，要总结出自己的一套教学和管理方法。

2. 要细心观察学生，全面了解学生，倾听学生的谈话。如果在适当时机和场合，不经意地说出某一个学生做的一件值得称道的事或值得称赞的一种表现，他不仅会感到吃惊，而且受到的鼓舞也会特别大。表扬要有实指性，忌空泛。“你做作业总是那么细心，很少有错误。”“你回答问题不但对，而且口齿清楚。”——这样说就具体了。再恰当地使用肢体语言，可以让学生感到你的真诚和亲昵，拉近师生的距离，如抚肩、握手、击掌等。

3. “为什么孩子们不喜欢我呀？”“我应该怎么做呀？”…… 不要畏惧，也不要刻意地讨好学生，虽说教师和学生得有友好的关系，但是，做好班级管理工作，是要放眼整个班集体的。

4. 从横向来看，每个孩子都是不同的，其性格、心理、学习的接受能力都是不同的。所以“因材施教”这一方法永远不会过时，也是教师必须掌握的教学方法。所以说扎实的教学理论知识很重要。从纵向来看，时代在发生变化，当今的孩子和十年前的孩子心理特点也有所不同，教师得与时俱进，了解学生的心理状况，“对症下药”，树立终身学习的思想。

（收集者：张大为）

56 放下责备,选择爱

一 典型案例

袁老师曾经遇到过一个学生,该生很聪明,但学习习惯很差,每天都不能完成布置的作业,并且经常情绪激动,不管不顾。有一次兴趣课时他找不到自己的铅笔盒,同班一名男生“吓”他:“不会被值日生扔了吧?”听完这话,他不顾正在上课的祁老师,背起书包就跑出教室。祁老师吓了一跳,为了照看整个班级,只能委派班里的中队委员去找班主任袁老师。最终,袁老师在学校一个小花坛处找到正在发呆的他。类似于这种不管不顾、“目中无人”的举动时有发生。比如早晨其他同学在完成各科任务时,他就坐在座位上什么也不做,无论老师怎么提醒,他都无动于衷,只说自己“累”“不想做”“等会儿就做”。

二 原因分析

在这件事发生之后,袁老师联系了这位学生的妈妈,妈妈急于维护自己儿子,几乎不等老师说明情况就急于表达儿子“压力大”“胆子小”。经过进一步了解之后,袁老师得知该生性格过于偏执的原因:他的父亲对他要求特别高,稍有犯错就要惩罚,学习和生活都管得很严;但母亲不舍得批评儿子,尤为溺爱和保护,所以不想让其父亲知道他这次的失当行为。该生自己也表示“丢了笔盒回家我没法交代”。袁老师这才明白了母亲口中的“压力”并不是来自学校或班主任,而是来源于失衡的家庭教育。

三 教师解决方法

当天袁老师和该生心平气和地分析了他跑出课堂的不妥之处,该生也答应第二天会去向祁老师道歉。随后袁老师打开他的书包,发现铅笔盒就在里面,袁老师不动声色地观察他,发现他面露不安和愧疚。这一次袁老师并没有责备他,这使他稍微安心了些。在与其母亲通话时,袁老师意识到光靠单方面电话联系已不能解决该生的问题,于是袁老师约父母面谈沟通。袁老师在周六与该生父母见面时指出:希望父母双方加强关于孩子的沟通,爸爸可以对孩子更宽容些,作为一个刚升入中年级的孩子,他显得尤为不活泼,这和家中失衡的教育有很大的关系,对孩子的管教应更多"教"少些"管",他一定能越来越好。

四 反思与建议

周六与该生父母当面交流后,周一早晨袁老师收到了一些小惊喜:前几周天天最后一个到校的他竟然早早地来到班级,精神饱满地向老师问好。在接下来的几天他都按时完成作业,也更守规矩了。袁老师私下询问了他原因,他说:"周六爸爸妈妈来找老师,我本来很怕的,但是爸爸回来后没骂我,还跟我说以前他太凶了,以后有事可以和他讲。我想好好表现,爸爸说表现好这周就能带我去长风公园!"

听完这番话,袁老师鼻子泛酸,这是一个既聪明又心思细腻的孩子,还好及时地联系了他父母,家校合作使他的性格有了很大的改变。在接下来的一周内,他的作业几次被袁老师在全班面前表扬,他虽害羞但十分开心,越来越努力,想得到老师的表扬。他的父亲在该学期的家长会上告诉袁老师:以前总觉得严格管教才是对儿子好,但忽略了孩子敏感的性格,在那次事件发生后他才发现,如果一味地高要求高标准,只会伤害了孩子,感谢袁老师认真负责地与他们进行交流才能及时调整。这件事情给袁老师留下了很深刻的印象,她认为爱是学生接受教育的第一前提。

57 做更好的自己

一 典型案例

学生小朱在课上总是做小动作,和其他同学说话,或是大声嚷嚷打断老师教学。下课时,他老是追逐同学,做恶作剧。每天不是任课老师来告状,就是学生来告状。班主任老师找他谈话,希望他能遵守各项规章制度,知错就改。他总是找借口,将错推在别人身上,被班主任识破后,他虽然口头上答应了,行动上却一如既往,毫无长进,永远是“承认错误,坚决不改”。不论是班主任还是其他任课老师,都对此深感头痛。

二 原因分析

小朱父母关系紧张,他爸爸的行为习惯及语言习惯都较偏激,小朱从小耳濡目染,受家庭教育因素的影响较大。

三 教师解决方法

为了在课堂上帮助小朱,班主任特意安排了一个责任心强、学习成绩好、乐于助人、耐心细致的同学跟他坐,目的是发挥同桌的力量。事先与这位同学进行一番谈话,为了班集体,不要歧视他,要尽自己最大的努力,耐心地帮助他,使其进步。同学的帮助,对一个学生来说是必不可少的,同学的力量有时胜过老师的力量。同学之间一旦建立起友谊的桥梁,他们之间就会无话不说。因此,让他与其他同学交朋友,感受同学给他带来的快乐。

老师还多次找他谈话,让他认识到自己的错误,纠正他遇事就推脱,推卸责任的毛病,让他明白要知错就改,端正了他的态度。

四 反思与建议

“一把钥匙开一把锁”，每一个学生的情况都是不同的，必然要求教师深入了解学生的行为、习惯、爱好等，从而确定行之有效的对策，因材施教，正确引导。

58 巧用班会

一 典型案例

学校教育是家庭教育的延续，但这个延续进展得顺利与否，完全取决于家庭教育的程度。一个班级中有很多类型的学生，其中有一种就是对学习知识掌握得很好，甚至是超前掌握的学生。这类学生的存在很大程度上影响了其他学生的学习兴趣与热情。

这类学生思维反应敏捷，在上课时发言往往最积极，经常过于兴奋，在课堂上喊着回答，比如小C。这样不仅扰乱了课堂纪律，也让其他基础不太好的学生更加不敢发言。当其他学生回答问题时，小C也经常会在举手的同时抢答——总是忍不住将答案说出口。对于其他同学回答不出或答错的情况，他会嘲笑其他同学不够聪明，觉得问题太简单之类。他的种种行为在一定程度上打击了其他同学的积极性与自信心。

二 原因分析

小C在班级中属于学习成绩名列前茅的学生。从一年级开始到四年级，因为学习好，老师对他都很偏爱，他也渐渐意识到老师对他的偏爱，因此变得自负起来，不能正确地认识自己。

三 教师解决办法

教师在召开班会时，语气平和温柔地告诉同学们，即便有些同学提前学过，基础很好，但也要注意班级其他同学的感受，其他同学没有学过，所以我们要尊重他人。班级是一个集体，需要所有同学共同进步，只有个别同学拔尖，是远远不够的，但是可以去帮助别人进步，这样不仅使班级进步，又能体现个人乐于助人的品质。

没有单独点名或约谈，这在很大程度上保护了小C的自尊心，也给他的行为敲响了警钟，让他认识到自身错误的地方，并积极地改正。

经过一段时间的观察，老师发现这个方法很有效，在课堂上，小C依然积极地回答问题，但也开始注意课堂纪律，在别人回答时学会了聆听，下课时也能够欣喜地看到他给别的同学讲解题目。

四 反思与建议

对于班内存在的问题，开班会是一种行之有效的方法。以小C为例，效果显著，结果令人满意。既保护了他的自尊心，又为他敲响了警钟，让他认识到自身行为的不足，并加以改正。

从该事件可以看出，教导学生并非只能用严厉的话语。教师应该注重教育的方式方法，针对不同的学生采用不同的教导方式，取得理想的效果才是教师教学的最终目的。

人与人之间最重要的相处方式就是沟通，只有沟通有效才是成功的开始。教师应当平等对待学生，像知心好友一样，敞开心扉，引导学生走上正确积极的人生道路。

（收集者：陈阳）

59 成就每个孩子

一 典型案例

很多新教师,由于很少有机会上公开课,因此在上公开课时心里较紧张,目光一般不会注意座位靠后面的学生,只盯着前面的学生,提问的时候,也是提问前面的学生。特别是让学生讨论问题时,教师走下来指导学生,也只是在前面看看而已,很少到后面几组。这样的话,后面的学生就容易被教师忽视,没有机会发表自己的观点和疑惑。这样发展下去,学生之间的差距更容易拉大,两极分化的结果也会打击他们的学习兴趣。另外在上课时,为了减少学生错误和节省时间,教师往往让一些学习好的学生回答问题,甚至一个学生包揽了一节课的问题,其他的学生只是听听而已,容易走神。教师也无从知道所有学生掌握得怎样,无法知道课堂效果。

二 原因分析

新教师经验不足,无法做到关注全体学生。另外,过于重视公开课的效果,总希望有最完美的教学展示,从而害怕学生的“错误”回答,使部分学生被忽视,游离于教学之外。

三 教师解决方法

1. 新教师应该备详案,把上课要讲的关键语言写下来,特别是过渡的地方,上课尽量语速慢,但思维连接要紧。

2. 因材施教。在上课时,尽量调动所有学生的思维。对基础好的学生,让他们“跳一跳”;对基础较弱的学生,将问题的难度降低点,让他们也享受到回答出问题的喜悦感;讨论问题时,小组间应该异质,让基础好的同学带动基础弱的同学,共同进步。因此，在备课时，设计的问题要顾及不同的学生，给所有学生表现的机会。平时，多抽出些时间，指导基础弱的学生。课堂中给予所有学生回答问题和思考的机会，调动班级气氛，让所有的学生都能参与到课堂的教学中。

四 反思与建议

（一）向书本学

新教师要认真学习《义务教育课程标准》，认真领会课改理念，结合学科特点，加深对教材的理解，争取把专业理论提高到一个新水平。多阅读教育教学书刊，加强自己的文化底蕴。

（二）向同行学

京剧艺术大师梅兰芳说过："不看别人的戏，就演不好自己的戏。"演戏如此，教学也如此。听优秀教师的课，与读书的感受大不相同。多听一听有经验的教师上的公开课，比自己摸索高效，对其优秀经验直接"拿来"，则可少走弯路，加快成长。

（三）向专家学

很多教育网站上有专家讲座、课堂教学实录、教学设计等内容，随时点击都可以学习。只有教师教得轻松，学生学得愉快，教育才能真正成为师生共同的幸福生活。

（收集者：丁赟杰）

60 慢慢来，都还来得及

一 典型案例

学生小王有“顺手牵羊”的行为，有时看到喜欢的文具会拿在手上玩，然后趁人不备时收起来占为己有。开始只是小物件，也没人注意到，但后来却愈演愈烈。直到某日，四年级办公室，某教师发现自己少了1 000多元钱，在调查中发现，是小王偷的。

经过询问，小王大方地承认是他拿了教师的钱，完全没有意识到这一问题的严重性。而此时许多教师才恍然大悟，对以前小王偷拿小物件的不重视导致了问题越来越严重。

二 原因分析

1. 小王来自离异家庭，缺少父母的关爱，又与父母新建家庭之间颇为生疏。

2. 教师管理力度不大，惩戒不严，小王初犯时没有进行严厉的批评，让他养成了再犯的习惯和错误的心态。

三 教师解决方法

1. 与家长详谈小王在校的行为，并给出事态发展危害的预判，引起家长重视。

2. 如果发现此类行为，与家长联合给予严惩。

3. 与小王约定，不可再犯，如若再犯，向全班进行通报，并密切关注他的动态，以免将来犯下更大的过错。

四 反思与建议

其实类似案例中的情况，在小学生中间并不少见。对于这样的学生，要多从源头找原因，越早发现越早介入越好。有些孩子犯错是因为没有物主意识导致的，该案例中学生的情况是比较严重的，教师应重视家长的作用，让家长参与进来，时刻督促自己的孩子。

另外，教师在处理中要防止该生走向极端，与学生谈话，关注学生心理状态，注意心理疏导。心理和行为习惯的改变，不可能一蹴而就，教师应该有打持久战的准备，反复教育，多次谈心，多给学生时间，注意他的心理变化。

（收集者：陆芊旭）

61 教育要为学生的成长服务

一 典型案例

钱老师班上有个“捣蛋鬼”小李。同学们都躲着他；老师也拿他没办法；就连小李的家长也对他束手无策。小李厌学情况比较严重，上课不认真听讲，课后作业都是抄袭其他同学的。对其进行教育、表扬、鼓励，但是奏效的持续时间短，学习成绩也不理想。有时上课他看见别人举手想要回答问题，也不经思考举手，但站起来却不知要说什么，就呆呆地站在那儿，引得同学们哈哈大笑。小李个性孤僻，不善交往，没有集体观念，因此在班上也没什么朋友。

二 原因分析

1. 小李上课时不专心听讲，一方面说明他注意力不够集中，另一方面也说明可能听不懂老师讲的课或老师讲的内容对他没有吸引力。

2. 小李上课能举手发言，作业也能完成，这些都说明他想学习，想学好，但不知如何去做。

3. 家长不会教育孩子，教育方法不恰当。他们由于工作原因，与孩子沟通太少，只知道打骂，却没想到去了解孩子的内心世界。

4. 在学校里，如果教师对学困生不够了解，关注不多，就容易造成对这些同学的评价偏低。长此以往，这些学生逐渐产生失落感，自卑感就慢慢占了上风。

三 教师解决方法

1. 激励教育，唤起信心。每个学生都是想进步的，都希望别人认为自己是一个好学生。教师也应该相信：每一个孩子都是可以教好的。

2. 家校沟通促自信。钱老师多次与小李家长联系，详细地分析了小李在校的表现及产生的原因,共同商量改善孩子不良心理状况的方法,建议家长选择适当的教育方式。

3. 从培养小李良好的行为习惯入手,多关心他的学习生活,拉近他与老师的距离,耐心地纠正他的不良行为,不能急于求成,当他有进步时要及时表扬。

4. 要求周围的同学关心他,当他有困难时要积极地帮助他,使他真正感受到融入班集体的乐趣。

四 反思与建议

通过老师、家长以及自身的共同努力,小李有了很大的变化,学习成绩也在不断提高。上课能专心听讲了,下课能主动与同学交往、做游戏,愿意参加各种活动,与班级同学融为一体。

由此为新教师提供以下几点建议:

1. 家庭教育、学校教育对学生的影响都是巨大的。环境是改变学生的重要因素,只有营造一个健康、温馨的环境,才有可能使学生走向健康的成长之路。

2. 对"问题学生",不要轻易放弃,要了解其原因,多从心理的角度去分析,并给予真诚的指导和帮助,要坚信:爱是可以改变一个孩子的一生的。

3. 要循循善诱,不可操之过急,可以更多地关注孩子的优点,放大孩子的优点,保护孩子的自尊心。

4. 对于调皮的学生要帮助他改变认知观念,使他明白要得到别人的尊重,首先要尊重别人。

(收集者:纽康萍)

62 做个教育的有心人

一 典型案例

问题一：学生故意扰乱课堂秩序

英语课堂上，回答问题环节中，某学生总是会在其他同学回答问题时发出声音干扰别人，如敲击笔盒发出噪音、挪动桌椅等，并多次与同桌或前排同学讲话影响他人学习，扰乱课堂秩序。

问题二：个别家长没有实际行动，不配合教师进行教学

某学生多次没有完成家庭作业，甚至乱写、漏写作业。就这一情况，教师与家长进行沟通后却收效甚微，该学生依旧无法有质量地完成作业，家长仅仅是在作业后签名，并没有查看学生的作业完成情况。

问题三：对学生的行为做出指导，但是在实际生活中效果不佳

对于班级环境的清洁工作，开学初便已安排好了各个学生的工作任务，但班级环境整体不佳，地上纸屑无人清扫，黑板也没有及时擦，学生不做或做不好自己分内的任务。

问题四：课堂时间掌握不准确，无法完成教学任务

作为新教师，刚开始授课时总会有这样那样的原因，拖延课堂教学时间，如因为学生上课时注意力不集中而中断教学；教师本身对知识点归纳不够精练而导致拖延。

二 原因分析

1. 学生上课注意力不集中，缺乏学习兴趣，但又希望得到教师关注，也有可能是以这种行为表示对教师的反抗和不喜欢，性格存在偏差。

2. 学生产生厌学情绪，对学习不感兴趣，家庭环境存在问题，家长对学生的关心，关注度不够，不重视学生学习情况，家校联系不够紧密。

3. 班级中学生多为独生子女,在思想上比较容易以自我为中心。由于家长的宠溺,在言行举止方面,比较浮躁,在纪律、制度方面相对自由散漫,没有良好的行为习惯,家长思想观念存在偏差。

4. 新教师由于经验不足,课堂上对突发情况的处理能力还有待加强。教师课堂用语不够精练,导致内容过多。小学生性格还不稳定,上课时注意力容易分散。

三 教师解决方法

1. 处理问题一时,冷静对待扰乱课堂秩序的行为,及时转移学生注意力,果断决策,采取冷处理的方法,以教学任务为重,随机应变。可以将这一行为联系到教学中,深化教学内容,用教学内容中的道理去说明这一行为的错误,不应简单地停下,严厉训斥,同时在课后应当教育他,在适当的场合做适当的行为,扰乱课堂是对教师的不尊重。在其他方面,还要多询问是否有困难、表达关心等。

2. 处理问题二时,一方面,与学生进行深度交谈,询问其是否遇到困难,并说明这种行为是不正确的,另一方面教师要及时与家长沟通,多进行家访,了解家庭多方面背景,与家长共同探讨,制定有效措施,耐心纠正家长的心态,与家长共同监督学生的学习任务,形成家校合力。

3. 针对问题三,加强对班级卫生的检查指导。利用班会进行教育,让学生重视这一问题。另外班主任具有榜样作用,如弯腰随手拾起地上的纸屑,帮助学生搞好班级卫生。

4. 多参加公开课、观摩课等,多学习老教师课程结构,课后进行教学反思,思考不足,潜心钻研教材,与老教师探讨交流。

四 反思与建议

1. 了解课堂教学的重要性,注意以学生为主,不单单是“教”。

2. 学会独立控制课堂纪律,在班级中树立威信,课堂纪律关系到良好的课堂氛围,直接影响课堂教学质量。

3. 注意上课语调问题,教师声音不仅要洪亮,而且要抑扬顿挫。

4. 学会掌握课堂时间,把握上课节奏,避免上课时间过短或过长的情况发生,尽量不拖堂,以免引起学生逆反心理。

5. 板书应当整齐漂亮,在黑板上下苦功夫,写好一手黑板字,是做教师的基本要求,新教师应刻苦练习板书,力求快而美。

6. 多多参与观摩课、评课等教学活动有利于新教师的经验积累,观察优秀教师的课堂,学习其优点,反思自身不足。

7. 明确教学反思的重要性,课后应当认真思考书本中的不足以及如何改进,在今后教学设计中应重视这些问题。

8. 教学设计不可忽略学生当前的认知水平,根据因材施教原则,在了解学生基本情况的前提下结合教材、教参进行教学设计,贯彻新课程标准改革,以学生为本。

(收集者:夏磊)

63 家校常沟通

一 典型案例

小 A 一个月里有好几次以“未带作业”为由，不交家庭作业。任课老师与小 A 的家长进行电话沟通后才发现，小 A 回家告诉家长说“老师今天没有布置作业”，信以为真的家长没有再督促作业。第二天无法按时上交作业的小 A 就只能跟老师撒谎说自己没有带作业。

二 原因分析

有时家校联系的不畅通，会导致(自觉性较差的)学生因无外界督促而成绩下滑。此外，并不是所有的家长都会配合老师的工作，他们或是因为工作繁忙，或是因为过度溺爱孩子，这给家校联系都增加了阻碍。

三 教师解决方法

对学习自觉性较差的同学，老师与家长要共同对其学习进行督促，这也要求老师与家长间保持一个良好的沟通，对孩子的学习情况进行及时的交流。对于不太配合老师工作的家长，老师要尽可能地做好家长的思想工作，确保沟通的顺利与畅通。

四 反思与建议

在家校联系中教师要处于一个主动的地位。通过家校联系，教师能更加全面地了解学生，也能让家长对自己孩子的成长有更具体的了解，双方共同努力才能更有效地促进学生的全面发展。

（收集者：余逸舟）

64 与家长沟通的艺术

一 典型案例

小孙上课经常不认真听讲,且总是爱打小报告,只要后座的男生一说话她便举手打断老师的讲课,举报同学上课说话。因为她总是上课开小差观察其他同学,老师便批评她,让她管好自己,认真听讲。第二天小孙的家长来到学校表示:老师不应该这样批评自己的孩子。

二 原因分析

老师没有及时与家长沟通,家长只是听自己孩子的一面之词,没有很好地了解事情的来龙去脉,误解了老师的行为。

三 教师解决方法

首先,要让学生家长感到被老师尊重,自己的孩子被老师认可,家长会觉得老师在关注自己的孩子,就会放下心中芥蒂,愿意和老师交流。

其次,家长来到学校后,老师积极与家长进行沟通,说清事情的前因后果,避免家长在对事情发展了解不明的情况下对老师的处理行为产生误解。

再次,将学生上课不认真听讲的情况反映给家长,希望家长配合老师工作,共同培养学生良好的学习习惯。

最后,作为教师要提高自身素养,科学治班,以理服人,在遇到家长不配合的情况下,也要及时反思自己是否有做得不当的地方。作为一名教育工作者,要推己及人,学会换位思考。

四 反思与建议

1. 多向前辈、有经验的教师学习，掌握处理问题的一些方法。在教学方面要多实践，理论指导实践，实践出真知。

2. 在教学方面，要做到因材施教，举一反三，培养学生各方面的能力，促进学生的全面发展。在家校沟通方面，要做到及时沟通，学生出现问题就要及时与家长联系。在学生管理方面，要大胆地管，不能纵容学生违纪等行为，严慈相济，以免影响后续工作的开展。在班级管理方面，确立严格的奖惩制度，因为没有规矩不成方圆。

3. 作为教师要不断完善自身，不断学习，俗话说“给学生一杯水，教师应有一桶水”。要平等地对待每一位学生，善于鼓励学生，发现学生的优点和长处。